CO Z CZYM?

ĆWICZENIA SKŁADNIOWE
DLA GRUP ZAAWANSOWANYCH

EXERCISES IN POLISH SYNTAX
FOR ADVANCED STUDENTS

JĘZYK POLSKI DLA CUDZOZIEMCÓW

POLISH

AS A FOREIGN LANGUAGE

SERIA POD REDAKCJĄ
Władysława Miodunki

9

INSTYTUT STUDIÓW POLONIJNYCH I ETNICZNYCH
UNIWERSYTETU JAGIELLOŃSKIEGO

EXERCISES IN POLISH SYNTAX FOR FOREIGNERS

VERBS – NOUNS – ADJECTIVES – PRONOUNS – PREPOSITIONS – ADVERBS

STANISŁAW MĘDAK

CO Z CZYM?

ĆWICZENIA SKŁADNIOWE
DLA GRUP ZAAWANSOWANYCH

level
ADVANCED

Kraków

This book has been published with the help of a grant from the Jagiellonian University

© Copyright by Stanisław Mędak and Towarzystwo Autorów i Wydawców Prac Naukowych UNIVERSITAS, Kraków 2002

ISBN 83-7052-544-X
TAiWPN UNIVERSITAS

Translation
Marek Wójcikiewicz
Cara Thornton

Proofreading
Andrzej Kurtyka

Editor
Wanda Lohman

Cover design
Ewa Gray

CONTENTS

Explanation of abbreviations 7
Introduction 9

PART I
Grammatical information 13
Function of prepositions in the sentence; *exercises 1-17* 15
Verbal nouns; *exercises 18-36* 19
Non-verbal and impersonal predicates,
nouns with modal function,
adverbs with modal function; *exercises 37-42* 24
Perfective prefixes and their functions; *exercises 43-76* 26
Functions of the reflexive pronoun *się*; *exercises 77-98* 31
Function of possessive pronouns; *exercises 99-110* 37
Adjectives and the cases governed by them; *exercises 111-118* .. 39
Prepositions governing two cases; *exercises 119-143* 40

PART II
Exercises 43

PART III
Answer key 157

ALPHABETICAL INDEX 187

BIBLIOGRAPHY 196

EXPLANATION OF ABBREVIATIONS

a.	– albo – or
B.	– Biernik – Accusative
C.	– Celownik – Dative
czas.	– czasownik – verb
D.	– Dopełniacz – Genitive
dk	– czasownik dokonany – perfective verb
imperf.	– czasownik niedokonany – imperfective verb
M.	– Mianownik – Nominative
masc.	– rodzaj męski – masculine
Msc.	– Miejscownik – Locative
N.	– Narzędnik – Instrumental
ndk	– czasownik niedokonany – imperfective verb
np.	– na przykład – for example, e.g.
p.	– punkt – point
perf.	– czasownik dokonany – perfective verb
pl.	– liczba mnoga – plural
podst.	– podstawowy – basic/base
poł.	– połączenie – linkage
por.	– porównaj – compare, cf.
pot.	– potocznie – familiar, colloquial
r. m.	– rodzaj męski – masculine
r. nij.	– rodzaj nijaki – neuter
r. ż.	– rodzaj żeński – feminine
zob.	– zobacz – see

INTRODUCTION

This collection of exercises in the area of Polish syntax is set in a perspective of contemporary applied linguistics. Its fundamental objective is to present such a vision of the structure of the Polish language as would allow the foreigner learning Polish to deepen his/her knowledge of this language more rapidly and effectively and, at the same time, encourage him/her to perform independently a wide range of linguistic operations.

In preparing this collection, use has been made of recent publications in the area of Polish grammar for foreigners. The linguistic description of the various syntactical elements and relative wealth of material contained in the most recent publications[1] – which differs from that found in works in the area of traditional grammar – has permitted a certain integrated body of over 140 exercises to be organized, which place particular emphasis on special, typically Polish areas of linguistic phenomena such as:

– Prepositions in the sentence and their functions
– Verbal nouns and the cases governed by them
– Non-verbal and impersonal predicates, as well as their specific properties
– Nouns and adverbs and their modal functions
– Verb prefixes and their meaning, as well as their most important functions
– Verbs and their aspect opposition
– The pronoun *się* and its functions
– Verbs always occuring with the pronoun *się*
– Possessive pronouns and their functioning
– Adjectives and prepositions, as well as the case(s) governed by them.

At every stage of the organization of the exercise collection entitled *Co z czym?* (*What with what?*), efforts have been made to include a variety of syntactic elements, so that the user of this publication will receive a reasonably precise image of the contemporary language code.

Part I is a unique type of grammatical compendium which contains information concerning the most important functions of verb pre-

---

[1] They include: Nagórko, A. 1996. *Zarys gramatyki polskiej* (*An Outline of Polish Grammar*), PWN, Warszawa; and particularly Kaleta, Z. 1995. *Gramatyka języka polskiego dla cudzoziemców* (*Polish Grammar for Foreigners*), Jagiellonian University, Kraków.

fixes, functions of the pronoun *się*, and functioning of possessive pronouns in Polish. Besides grammatical information and rules, other items have been placed here, including: lists of adverbs governing the individual cases; a list of the most commonly-occuring verbal nouns, together with the case(s) governed by them; a list of verbs which always occur with the pronoun *się*, together with their aspect pairs, etc.

The entire material contained in part II should, thus, provide the learner of Polish with somewhat different exercises from those heretofore encountered[2], ones permitting independent performance of specific operations on the language. In addition the material fills the gap left by a lack of syntactic exercises in the library of didactic aids in the area of Polish as a foreign language[3]. At the same time, the foreign-language user should receive an answer to three simple questions, such as: Who is speaking? To whom is s/he speaking? About what is s/he speaking?

The syntactic exercises are dual-purpose. They should permit, first of all, practical application of grammatical information and rules in the area of syntax; and, secondly, better mastery of the complex process of linking lexemes into correct sentences, as well as the process of sentence transformation.

For this reason, this publication presents a rather wide range of exercises, from the most classic to the transformational ones, e.g.: *Lekarz **dyżurował** zwykle od ósmej do dwunastej.* ⟶ *W dniu dzisiejszym odwołano **dyżur lekarza**.* The exercises appearing here include the following: response to questions; fill-in-the-blank exercises (dialogues and texts); sentence completion; transformation and review exercises. In order to do them, it is necessary to make use of the words given in the instructions to exercises, as well as of Part I of the collection.

On account of the specific character of the exercises, the collection is intended for intermediate and advanced students.

---

[2] Cf. the following collections of exercises for foreigners learning Polish: Kozak, K., Pyzik, J. 1990. *Ćwiczenia z gramatyki funkcjonalnej języka polskiego. Czasownik* (*Exercises in Polish Functional Grammar: The Verb*), Jagiellonian University, Kraków; Pyzik, J. 1990. *Ćwiczenia z gramatyki funkcjonalnej języka polskiego. Imiona* (*Exercises in Polish Functional Grammar: Nouns*), Jagiellonian University, Kraków; Iglikowska, T. 1995. *Ćwiczenia gramatyczno-leksykalne* (*Grammatical and Lexical Exercises*), University of Warsaw, Warsaw; Mędak, S. 1995. *Język polski à la carte*, Jagiellonian University, Kraków.

[3] To date, there is only one collection of exercises devoted to syntax on the Polish market. See: Klebanowska, B. 1995. *Synonimia składniowa* (*Syntactical Synonymy*), Warsaw University Press, Warsaw.

The main objective which guided the author in the entire process of developing the conception of *Co z czym?* (*What with what?*), and its subsequent realization was to prepare a practical collection of exercises intended for the students in the distance learning program (so-called *enseignement à distance*) at Le Mirail University in Toulouse. Prior to this, however, the entire exercise material was tested in classes of students from intermediate and advanced groups in the Department of Polish as a Foreign Language at the Polonia and Ethnic Studies Institute of the Jagiellonian University in Kraków.

The final version of this publication was influenced by the propositions and suggestions from Professor Władysław Miodunka, editor of the series *Język polski dla cudzoziemców* (*Polish for Foreigners*).

Stanisław Mędak

Kraków, October 2001

PART I GRAMMATICAL INFORMATION

FUNCTION OF PREPOSITIONS IN THE SENTENCE

see exercises 1 - 17

▼ WORTH KNOWING ▼

Words requiring the Nominative:

jak	– wprowadza wyrażenia porównawcze
jako	– uwydatnia funkcje, szczególny charakter czegoś, zajęcie, stanowisko, rolę pełnioną w stosunku do czegoś
niby	– oznacza wzorzec, tło porównania lub charakter, funkcję, rolę względem czegoś

Prepositions requiring the Genitive:

bez	– niewystępowanie tego, co oznacza rzeczownik, z którym się łączy
blisko	– mała odległość
dla	– oznacza cel, wskazuje na odbiorcę
do	– miejsce, do którego kieruje się czynność/akcja
	– wskazuje na granicę czasu
dokoła	– miejsce ze wszystkich stron czegoś
dookoła	– zob. dokoła
koło	– bliskość w przestrzeni
mimo	– rozbieżność między tym, co się dzieje, a tym, czego się należało spodziewać
naokoło	– ze wszystkich stron punktu położonego w środku
naprzeciw	– wskazuje na położenie po przeciwnej stronie czegoś
naprzeciwko	– zob. naprzeciw
na skutek	– konsekwencja czegoś, następstwo
nie opodal	– w bezpośrednim zasięgu, w pewnej odległości
obok	– znajdowanie się czegoś lub dzianie się po prawej lub lewej stronie tego, co oznacza rzeczownik
od	– trwanie w czasie
	– relacja między przedmiotem a źródłem pochodzenia tego przedmiotu
około	– charakter przybliżony w zdaniach określających czas, miarę wielkości czegoś
oprócz	– uzupełnia informacje zawarte w zdaniu nadrzędnym
	– tworzy wyrażenia oznaczające, że coś stanowi wyjątek
	– w zdaniach przeczących wzmacnia informację

podczas	– równoczesność trwania czegoś
podług	– zgodnie z czymś, stosownie do czegoś
pomimo	– rozbieżność między tym, co się dzieje, a tym, czego należało się spodziewać
poniżej	– niżej w stosunku do jakiegoś punktu odniesienia
pośrodku	– w środkowym punkcie czegoś
pośród	– w otoczeniu kogoś/czegoś
powyżej	– wyżej w stosunku do jakiegoś punktu, poziomu
prócz	– uzupełnia wyrażenia, dodaje
	– oznacza, że coś stanowi wyjątek
spod	– kierunek od miejsca pod czymś, ku górze, w dół lub w dal
spomiędzy	– kierunek od wewnątrz na zewnątrz
sponad	– miejsce znajdujące się nad czymś, z którego dokonuje się jakaś czynność
spośród	– z większej liczby kogoś, czegoś
spoza	– miejsce znajdujące się jeszcze dalej niż inne
sprzed	– z miejsca położonego przed czymś
u	– coś lub ktoś znajduje się tuż przy czymś/przy kimś
według	– stosownie, odpowiednio do czegoś
wobec	– w czyjejś obecności, przy kimś
wokoło	– wzdłuż obwodu czegoś, dookoła, naokoło
wokół	– zob. wokoło
wskutek	– w następstwie czegoś, z powodu czegoś
z	– punkt ruchu przestrzennego, kierunek od czegoś, miejsce na zewnątrz czegoś
zamiast	– coś jest przez coś zastąpione, z uwydatnieniem kontrastu
znad	– z miejsca położonego nad czymś, powyżej czegoś
z wyjątkiem	– wskazuje na wyłączenie czegoś/kogoś z akcji, działania itp.
zza	– z miejsca znajdującego się za czymś, spoza czegoś

============ **Prepositions requiring the Dative:** ============

dzięki	– oznacza przyczynę, rację, okoliczności sprzyjające
ku	– kierunek lub bliskość czegoś w połączeniu z nazwami pór dnia, roku
	– oznacza cel lub następstwo
naprzeciw	– wskazuje na cel ruchu położony po przeciwległej stronie czegoś, kogoś
na przekór (*rzadko*)	– oznacza robienie czegoś na złość, umyślnie

przeciw	– relacja między osobą lub przedmiotami a oponentem tej osoby lub przedmiotu
	– relacja między faktem sprzecznym z zasadami a tymi zasadami
przeciwko	– relacja między osobą lub przedmiotami a oponentem tej osoby lub przedmiotu
	– relacja między faktem sprzecznym z zasadami a tymi zasadami
wbrew	– działanie sprzeczne z czymś lub okoliczności kontrastujące z czymś

Prepositions requiring the Accusative:

między	– ktoś lub coś znajduje się w przestrzeni dzielącej dwa obiekty
na	– określa charakterystyczne okoliczności: cel, skutek, wynik, sposób odbywania się czynności
	– stanowi uzupełnienie, rozwinięcie
nad	– lokalizuje coś powyżej jakiegoś przedmiotu
	– wskazuje cel przestrzenny
o	– oznacza uderzenie, rzucanie w połączeniu z rzeczownikami
	– oznacza wielkość, stopień w skali
	– wskazuje na przedmiot działania czynności
po	– tworzy wyrażenia oznaczające kres przestrzenny lub czasowy, cel ruchu
pod	– oznacza kierunek wiodący ku czemuś, często w połączeniu z oporem
	– tworzy różne oznaczenia czasu, określające bliskość czegoś
	– wskazuje na miejsce poniżej czegoś
pomiędzy	– wskazuje na rozdział, dystrybucję czegoś
	– wskazuje na przedział czasowy
ponad	– wskazuje na przewyższenie normy, oceny, możliwości
poza	– kierunek dalszy niż punkt, granica wyznaczona rzeczownikiem
	– kierunek na zewnątrz przestrzeni ograniczonej
przed	– miejsce czynności lub miejsce położenia przedmiotu obserwowanego lub osoby obserwującej
	– występuje w utartych połączeniach wyrazowych
przez	– relacja przestrzenna między wykonawcą czynności a jej początkiem lub końcem

w	– miejsce, do którego kieruje się czynność/akcja
	– elementy zewnętrzne osłaniające kogoś, występujące na czymś/na kimś
	– cel jakiejś czynności, jakiegoś działania oraz wynik jakiejś czynności/działania
za	– miejsce, do którego jest skierowane jakieś działanie
	– miejsce z tyłu kogoś/czegoś

Prepositions requiring the Instrumental:

między	– kiedy ktoś/coś znajduje się (porusza się) w przestrzeni dzielącej dwa obiekty
	– granica czasu
nad	– miejsce powyżej innego miejsca, w którym coś się znajduje, porusza
pod	– miejsce poniżej czegoś/kogoś
	– miejsce w pobliżu innego miejsca
pomiędzy	– zob. między
ponad	– wskazuje, że coś/ktoś znajduje się nad czymś
poza	– miejsce dalsze niż to, na które wskazuje rzeczownik
przed	– miejsce położenia jednego przedmiotu względem drugiego, z przodu kogoś/czegoś
	– kolejność w przestrzeni i w czasie
	– granica czasu
w porównaniu z	– w zestawieniu z czymś, w stosunku do czegoś
z	– określa osobę towarzyszącą
za	– wskazuje na miejsce po przeciwnej stronie obiektu
zgodnie z	– w zgodzie, bez kłótni, jednomyślnie

Prepositions requiring the Locative:

na	– powierzchnia lub miejsce, na której się coś/ktoś znajduje lub miejsce
o	– czynność mówienia, myślenia; pytanie, decyzja itp.
	– przedmiot, treść, cel, skutek czynności określonej w wyrazie nadrzędnym
	– lokalizacja w czasie lub przestrzeni
po	– koniec granicy czasu
	– miejsce czynności
przy	– położenie przedmiotu; miejsce osoby w bezpośredniej bliskości czegoś/kogoś
w	– miejsce czynności oraz akcji

VERBAL NOUNS

see exercises 18 - 36

 WORTH KNOWING

I. Common nouns derived from verbs and the cases they require:

Skróty/Abbreviations

    D.   – Dopełniacz/Genitive
    C.   – Celownik/Dative
    B.   – Biernik/Accusative
    N.   – Narzędnik/Instrumental
    Msc. – Miejscownik/Locative

Verbs	Verbal Nouns
brakować	**brak** +D.; +C.; *w* +Msc.
buntować się	**bunt** +D.; bunt *przeciw* +C.; *w* +Msc.
chodzić	**chód** +D.
czynić	**czyn** +D.
dojeżdżać	**dojazd** *do* +D.
domyślać się	**domysł** +D.
dotknąć	**dotyk** +D.
drukować	**druk** +D.
dyżurować	**dyżur** +D.; *przy* +Msc.; *w* +Msc.
eksportować	**eksport** +D.
głosować	**głos** +D.
gniewać	**gniew** +D.
gwizdnąć	**gwizd** +D.
hałasować	**hałas** +D.; *zza* +D.; *z* +D.
handlować	**handel** +N.
importować	**import** +D.
kaszleć/ać	**kaszel** +D.
kontaktować się	**kontakt** +D.; *z* +N.
latać	**lot** +N; +D.; *do* +D.
lękać się	**lęk** +D.; *przed* +N.
łykać	**łyk** +D.
mordować	**mord** +D.
nacisnąć	**nacisk** +D.; *na* +B.
nakazać	**nakaz** +D.
napadać	**napad** +D.; *na* +B.; *z* +N.

niepokoić się	niepokój +D.; *o* +B.
obchodzić	obchód +D.; *na* +Msc.; *w* +Msc.; dookoła +D.
objechać	objazd +N.
obracać	obrót +N.; +D.; *na* +Msc.; *wokół* +D.
odczytać	odczyt +D.; *o* +Msc.
oddychać	oddech +D.
odlecieć	odlot +D.; *z* +D.; *na* +B.
odpowiedzieć	odpowiedź +D.; *na* +B.; *z* +D.
opierać się	opór +D.
opisać	opis +D.; *z* +D.
pamiętać	pamięć *o* +Msc.
płakać	płacz +D.; *o* +B.; *po* +Msc.
podzielić	podział +D.; *na* +B.
podziwiać	podziw *dla* +D.
pomóc	pomoc +C.; *dla* +D.
postępować	postęp +D.; *w* + Msc.
powrócić	powrót +D.; *z/ do* +D.
protestować	protest +D.; *przeciw/przeciwko* +C.
przedrukować	przedruk +D.; *z* +D.
przeglądać	przegląd +D.
przejeżdżać	przejazd + N.; *przez* +B.; *z/do* +D.
przekładać	przekład +D.; *z* +D.; *na* +B.
przelewać	przelew +D.; *z/do* +D.; *w* +Msc.
przemycać	przemyt +D.
przewozić	przewóz +D.; *z/do* +D.
przewrócić	przewrót *w* +Msc./B.
przyjaźnić się	przyjaźń +D.
przyjechać	przyjazd +D./N.; *do/z* +D.; *na* +B.
przylecieć	przylot +D.; *do/z* +D.; *na* +B.
przymusić	przymus +D.; *do* +D.
remontować	remont +D.
rozdzielić	rozdział +D.; *w* +Msc.
rozkazać	rozkaz +D.; *do* +D.
rozkoszować się	rozkosz +D.; *dla* +D.
rozkwitać	rozkwit +D.
rozrastać się	rozrost +D.
rozwijać	rozwój +D.
ruszać się	ruch +D.; *w/na* +Msc.
skoczyć	skok +D.; *do* +D.; *w/na/przez* +B.
skręcić	skręt +D./N.; *w* +B.

skupić	**skup** +D.
spacerować	**spacer** *nad* +N.; *po* +Msc.; *do* +D.
spierać się	**spór** *o* +B.; *między* +N.; *z powodu* +D.
spisać	**spis** +D.
spowiadać się	**spowiedź** +D.
sprzeciwić się	**sprzeciw** +D.; *wobec* +D.
startować	**start** +D.; *z* +D.; *na* +B.
szeleścić	**szelest** +D.
szeptać	**szept** +D.
szumieć	**szum** +D.; *wokół* +D.; *w* +Msc.
śpiewać	**śpiew** +D.
tańczyć	**taniec** +D.
tłoczyć się	**tłok** *w* +Msc.
transportować	**transport** +D.; *z/do* +D.
trudzić się	**trud** +D.
upierać się	**upór** +D.
uśmiechać się	**uśmiech** +D.; *na* +Msc.
walczyć	**walka** +D.; *na/w* +Msc.; *na* +B.; *z* +N.; *z* +N.; *o* +B.
winić	**wina** +D.
wyjeżdżać	**wyjazd** +D.; *do/z* +D.; *na* +B.
wypowiedzieć	**wypowiedź** +D.
wyrobić	**wyrób** +D.; *z* +D.
wystąpić	**występ** +D.; *na* +Msc.
wystrzelić	**wystrzał** +D.; *z* +D.
wywozić	**wywóz** +D.; *z/do* +D.
wzrastać	**wzrost** +D.
zakazać	**zakaz** +D.
zakupić	**zakup** +D.
zamierzać	**zamiar** +D.
zanikać	**zanik** +D.
zapalić się	**zapał** *do* +D.
zapowiedzieć	**zapowiedź** +D.
zazdrościć	**zazdrość** +D.; *o* +B.
żałować	**żal** *do* +D.; *za* +B.; *z powodu* +D.

II. Nouns derived from verbs in alphabetical order:

brak
bunt
chód
czyn
dojazd
domysł
dotyk
druk
dyżur
eksport
głos
gniew
gwizd
hałas
handel
import
kaszel
kontakt
lęk
lot
łyk
mord
nacisk
nakaz
napad
niepokój
obchód
objazd
obrót
odczyt
oddech
odlot
odpowiedź
opis
opór
pamięć
płacz
podział
podziw

pomoc
postęp
powrót
protest
przedruk
przegląd
przejazd
przekład
przelew
przemyt
przewóz
przewrót
przyjazd
przyjaźń
przylot
przymus
remont
rozdział
rozkaz
rozkosz
rozkwit
rozrost
rozwój
ruch
skok
skręt
skup
spacer
spis
spowiedź
spór
sprzeciw
start
szelest
szept
szum
śpiew
taniec
tłok

transport
trud
upór
uśmiech
walka
wina
wyjazd
wypowiedź
wyrób
występ
wystrzał

wywóz
wzrost
zakaz
zakup
zamiar
zanik
zapał
zapowiedź
zazdrość
żal

NON-VERBAL AND IMPERSONAL PREDICATES, NOUNS WITH MODAL FUNCTION, ADVERBS WITH MODAL FUNCTION

 WORTH KNOWING

1. **Non-verbal and impersonal predicates:**
   – (1) brak, (2) mdlić, (1) można, (2) należy, (1) nie sposób, (2) przystoi, (1) słychać, (2) starczać, (2) starczyć, dk; czas przyszły – **starczy**, (2) ściemniać się, (1) trzeba, (1) warto, (1) widać, (1) wolno, (2) wypada
   – godzien, kontent, wart, winien
   (1) – formy według paradygmatu a
   (2) – formy według paradygmatu b

2. **Nouns with modal function:**
   czas, grzech, pora, strach, szkoda, żal

3. **Adverbs with modal function:**
   łatwo, miło, pochmurno, przyjemnie, przykro, trudno

 SAMPLE PARADIGMS

a. **The non-inflectional verb** *trzeba*

bezokolicznik	–
tryb oznajmujący:	
czas teraźniejszy	**trzeba**
czas przeszły	**trzeba było**
czas przyszły	**trzeba będzie**
tryb przypuszczający:	
czas teraźniejszy	**trzeba by**
czas przeszły	**byłoby trzeba** a. **trzeba byłoby**

b. **The non-inflectional verb** *mdlić*

bezokolicznik	**mdlić**
tryb oznajmujący:	
czas teraźniejszy	**mdli**

czas przeszły	**mdliło**
czas przyszły	**będzie mdliło**
tryb przypuszczający:	
czas teraźniejszy	**mdliłoby**
czas przeszły	**byłoby mdliło**
tryb rozkazujący:	**niech mdli**

PERFECTIVE PREFIXES AND THEIR FUNCTIONS

▼ BASIC FUNCTIONS ▼

(opracowano według *Słownika języka polskiego* pod red. M. Szymczaka, PWN, Warszawa 1993)

do-

1. całkowite osiągnięcie celu, w tym przestrzennego i czasowego
2. sfinalizowanie czynności
3. osiągnięcie celu mimo istniejących przeszkód
4. ruch we wskazanym kierunku
5. wykonanie czynności dodatkowej, uzupełniającej
6. osiągnięcie skutku rozumianego ujemnie

na-

1. wzmocnienie intensywności tego, co oznacza czas. podstawowy
2. czynność wykonywana na powierzchni czegoś
3. wskazanie na wzmożenie danej czynności z odcieniem przesytu (zwłaszcza w połączeniu czasownika z zaimkiem *się*)

o-

1. ogarnięcie czegoś z różnych stron
2. skierowanie czegoś w dół
3. przeniesienie czynności na inny typ przedmiotu
4. wskazanie na otoczenie, objęcie czegoś czymś
5. wskazanie na ruch dookoła przedmiotu
6. wskazanie na całkowite wykonanie czynności

ob(e)-

zob. również funkcje prefiksu **o-**
1. ogarnięcie czegoś z różnych stron przedmiotów
2. wskazanie na negatywne skutki wykonanej czynności
3. wskazanie na całkowite wykonanie czynności

od(e)-

1. wskazanie na przeciwieństwo tego, na co wskazuje czasownik podstawowy
2. oznaczenie oddalenia, oddzielenia oraz wyodrębnienie czegoś
3. oznaczenie powtórzenia w odpowiedzi
4. oznaczenie uczynienia czegoś na nowo i wykonania czegoś według wzoru
5. zmniejszenie realności tego, co oznacza wyraz podstawowy lub oddzielenie czegoś
6. wskazanie na ruch ukierunkowany, oddalenie od jakiegoś punktu
7. wskazanie na czynność/akcję oficjalną

po-

1. oznaczenie powtarzania czynności względem wielu przedmiotów lub ich części
2. wykonywanie czynności przez różne przedmioty

3. wyczerpanie danej czynności w akcie jednorazowym, bez powtarzania
4. trwanie czynności, stanu przez pewien czas
5. oznaczenie realizacji czynności w niewielkim nasileniu
6. wskazanie na czynność, która zachodzi w wielu miejscach
7. wskazanie na częściowy proces w zjawiskach zachodzących w naturze i w organizmie człowieka

pod(e)-

1. oznaczenie kierunku działania poniżej czegoś
2. oznaczenie ruchu z dołu do góry
3. oznaczenie powodowania czegoś, zwiększania intensywności
4. wskazanie na niepełne osiągnięcie celu
5. oznaczenie czynności ukrytej
6. wskazanie na zbliżanie się do jakiegoś punktu

prze-

1. wskazanie na przebycie pewnego dystansu
2. wskazanie na przedzielenie, przebicie czegoś, przejście przez coś
3. wskazanie na zabranie czegoś/ kogoś w inne miejsce, wskazanie na zmianę miejsca
4. wskazanie na pomieszanie czegoś z czymś
5. wskazanie na doprowadzenie jakiejś czynności do końca, celu
6. wskazanie na przeminięcie czegoś
7. wskazanie na dokonanie czegoś na nowo, w inny sposób
8. wskazanie na nadmierną intensywność jakiejś czynności, wybieganie czegoś poza normę

9. wskazanie na spędzanie czasu (bez określonego celu) na czymś lub zmarnowanie czegoś
10. wskazanie na wybieganie myślą naprzód

przy-

1. wskazanie na osiągnięcie celu przestrzennego, bliskości
2. wskazanie na połączenie czegoś z czymś w jedną całość
3. wskazanie na częściową realizację tego, co oznacza czasownik podstawowy
4. wskazanie na zwiększenie, uzupełnienie czegoś lub spłaszczenie czegoś
5. wskazanie na udaremnienie działania
6. wskazanie na towarzyszenie czemuś inną czynnością

roz(e)-

1. wskazanie na różnokierunkowość w ruchu przestrzennym
2. wskazanie na rozdrobnienie czegoś, podzielenie na części
3. wskazanie na oswobodzenie od czegoś krępującego
4. wskazanie na zwiększenie zasięgu, zakresu, intensywności
5. wskazanie na moment początkowy jakiejś czynności
6. wskazanie na likwidację pewnego stanu lub wyczerpanie jakiegoś zasobu

s-

1. wskazanie na ogarnięcie działaniem całego przedmiotu
2. wskazanie na wyczerpanie materiału, tworzywa, czynności
3. wskazanie na ruch w dół

4. wskazanie na zespolenie w całość
5. wskazanie na skierowanie ruchu działania do wspólnego punktu lub cech, charakteru czegoś/kogoś (w połączeniu z zaimkiem *się*)
6. tworzenie podstawowych par aspektowych

u-

1. wskazanie na doprowadzenie danej czynności do skutku
2. wskazanie na usunięcie czegoś z pola widzenia lub zmniejszenie ilości
3. wskazanie na dokonanie czynności mimo trudności (zwykle z przeczeniem)
4. wskazanie na zwiększoną intensywność

w(e)-

1. wskazanie na wprowadzenie, włożenie, wniknięcie czegoś do wnętrza czegoś
2. wskazanie na objęcie czymś zewsząd jakiegoś przedmiotu
3. wskazanie na osiągnięcie górnej części czegoś
4. wskazanie na włączenie czegoś w całość, w zakres czegoś
5. wskazanie na uintensywnienie czynności (zwykle z *się*)

wy-

1. wskazanie ruchu od wewnątrz na zewnątrz, od dołu ku górze
2. wskazanie osiągnięcia celu
3. wzmożenie intensywności (w połączeniu z *się*)
4. wskazanie na całkowite działanie na powierzchni jakiegoś przedmiotu

5. wskazanie na znalezienie czegoś wśród innych przedmiotów lub w czymś
6. wskazanie na zużycie czegoś do końca

z(e)-

1. wskazanie na gromadzenie (się) czegoś/kogoś w jedno miejsce, na łączenie, na zharmonizowanie
2. wskazanie na usunięcie czegoś/kogoś z jakiegoś miejsca, zwykle w kierunku z góry na dół
3. wskazanie na całkowicie zużycie czegoś
4. wskazanie na uintensywnienie czynności (zwykle z zaimkiem *się*)
5. tworzenie podstawowych par aspektowych w wyrazach, których tematy rozpoczynają się na spółgłoskę dźwięczną oraz na *s, sz, h*

za-

1. wskazanie na osiągnięcie skutku, na dojście do nasilenia
2. wskazanie na przejaw chwilowy czynności, jej początek
3. wskazanie na znamię doskonałości (z czasownikami zakończonymi na *-ować*)
4. wskazanie na zwiększenie się intensywności
5. wskazanie na umieszczenie, schowanie czegoś, pokrycie, zapełnienie czymś jakiejś powierzchni
6. wskazanie na przekroczenie właściwych granic danej czynności
7. wskazanie na osiągnięcie granicy, kresu przestrzennego lub na odległość, kierunek, zbliżanie się do punktu docelowego

z(de)-

1. wskazanie na pozbawienie właściwej formy, kształtu, funkcji
2. wskazanie na usunięcie jakiejś części z całości
3. wskazanie na uznanie czegoś za nielegalne
4. wskazanie na ujawnienie lub usunięcie czegoś
5. wskazanie na negatywne działanie czegoś lub kogoś

Prefixes which may be added to imperfective verbs to form their perfective derivatives:

do-, na-, nad(e)-*, o-, ob(e)-, od(e)-, po-, pod(e)-, prze-, przy-, roz(e)-, s-, u-, w(e)-, wy-, z(e)-, za-, z(de)-

Przykłady:

do-	dosolić, doprać, doczekać, dostać (do końca)
na-	nacieszyć się, napisać, napoić, nakarmić, naostrzyć
nad(e)-*	nadmarznąć, nadmurszeć, nadrdzewieć
o-/ob(e)-	ogłuchnąć, oślepnąć, ostudzić, opublikować, osłabnąć, ogolić się, obryć się
od(e)-	odremontować, odpokutować, odizolować
po-	postać, poczytać, posiwieć, pocałować, pokłócić się, podziękować, powitać, podyktować, powynosić, pogratulować, powypraszać
pod(e)-	podkształcić się, podgolić, podcieniować, podpuchnąć
prze-	przeżegnać się, przeczytać, przeegzaminować, przestraszyć
przy-	przywitać, przyżeglować, przyczłapać, przykłusować
roz(e)-	rozgniewać się, rozgościć się, rozpłakać się, rozszlochać się
u-	uśmiać się, ubawić, ugotować, utkać, uszyć, ucałować, upiec
w(e)-	wmotać się, wżenić się
wy-	wydrukować, wyzdrowieć, wysuszyć, wyjeździć
z(e)-/s-, ś-	zjeździć, zmarznąć, zmierzyć, zgubić, zrobić, zniszczyć, zgarbić się, zrozumieć, zesztywnieć, zestarzeć się, , schować się, skłamać, skomponować, skamienieć, stracić, stłuc, ściemnieć
za-	zakwitnąć, zastrzelić, zaśpiewać, zatańczyć, zaplanować, zatęsknić, zaszeleścić, zasmucić się, zasłynąć, zażartować
z(de)-	zdelegalizować, zdekompletować, zdemobilizować

* prefiks **nad(e)-** rzadko pojawia się jako prefiks perfektywizujący; najczęściej wskazuje na rozpoczęcie danego procesu albo czynności, np. rdzewienia, marznięcia itp.

▼ WORTH KNOWING ▼

Imperfective verbs used in the exercises:

badać, bawić, bić, biec, biegać, błagać, budować

całować, chodzić, chorować, chwytać, ciągnąć, cierpieć, czekać, czernieć, czołgać się, czytać

darować*, deptać, dosuwać, drukować, drzemać, dzwonić, dźwigać

filmować, fruwać

gasić, gonić, gotować, grać, grodzić, gryźć, grzać się

improwizować, iść

jechać, jeść, jeździć

klaskać, kleić, klęczeć, kompletować, kraść, kręcić, kropić, kupować, kwitnąć

lać, lądować, lecieć, legalizować, leżeć, liczyć, lizać, lukrować

ładować, łamać

malować, maskować, maszerować, mdleć, meldować, miąć, moczyć, montować, mówić, myć, mydlić, myśleć

nieść, nudzić

odmrażać

padać, pakować, palić, parkować, patrzyć/patrzeć, pchać, pełnić, pić, piec, pisać, płacić, płakać, pływać/płynąć, podróżować, pracować, prać, prasować, prowadzić, przebierać, pudrować

rabować, ratować, recytować, robić, rosnąć, rumienić się, rwać, rzucać

siadać, siedzieć, siwieć, skakać, smarować, solić, spać, sypać, szeptać, szyć

śpiewać

tonąć, topnieć, truć się, trzeć, tyć

wracać

zbierać

żyć

---

* czasownik dwuaspektowy

FUNCTIONS OF THE REFLEXIVE PRONOUN *SIĘ*

see exercises 77 - 98

 WORT H KNOWING

Declension of the pronoun *się/siebie*
- **M.** –
- **D.** siebie a. się
- **C.** sobie
- **B.** siebie a. się
- **N.** sobą
- **Msc.** (o) sobie

 NOTE

The pronoun *się* is a form of the Accusative; it is usually used with verbs and corresponds to the word *siebie*; or it is a form of the Genitive – as such it is used rarely, only with negated verbs.

Example:
> *Widział się w tej roli od momentu przeczytania scenariusza.*
> *Od pierwszego tygodnia ten człowiek nie widział się na tak wysokim i odpowiedzialnym stanowisku.*

 FUNCTIONS

1. It forms reflexive voice of verbs and indicates that the doer of the action is also its recipient. It stresses reciprocality indicating that the action performed by one person is directed toward the other one.

Example:
> *Byłem bardzo zmęczony i **położyłem się** na łóżku zaraz po powrocie z pracy.*

2. It adds semantic intensity to the verb and strengthens its meaning. Used especially in colloquial speech.

Example:
> *Ten człowiek **wrócił się** jedynie po to, aby spojrzeć jeszcze raz na swoją ukochaną.*

3. It is an integral part of some verbs, does not give them reflexive meaning, and has no semantic or grammatical function (see the list of verbs).

Example:
Bał się bardzo egzaminów, które miał zdawać za tydzień.

4. With the 3rd person singular form of verbs (also intransitive ones) it forms predicates of sentences without subject in the present, past and future tenses.

Example:
*Jeszcze nie było kalendarzowej jesieni, a na dworze **robiło się/zrobiło się** bardzo zimno.*
***Chodzi się** proszę pana chodnikiem, a nie środkiem ulicy!*

5. It gives verbs passive meaning.

Example:
*Ten dom **się buduje** już od kilku lat i końca nie widać!*

6. It appears with active verbs in sentences which denote reciprocal actions requiring more than one participant.

Example:
On ją przytulał mocno. Ona jego też przytulała mocno.
⟶ *Oni **się przytulali**.*

7. It appears in sentences which provide information about a state independent of the subject's will, and about actions caused by a definite or indefinite person.

Example:
*Tą wymyśloną opowieścią wzruszyłem słuchaczy i sam też **się wzruszyłem**.*

8. It takes declensional forms indicating that the object and subject in a sentence are identical.

Example:
On mówi, a w pokoju nie ma nikogo.
⟶ *On mówi **do siebie**.*
Nie wiem jak przebiegnie ta rozmowa.
⟶ *Nie wyobrażam **sobie** tej rozmowy.*
On nikim się nie interesuje.
⟶ *On interesuje się **sobą**.*

9. It takes declensional forms expressing reciprocal actions which refer to two or more subjects.

Example:
> *On jej się przyglądał. Ona jemu się przyglądała.*
> → *Oni przyglądali się **sobie**.*

10. It appears in expressions with *sam, -a, -o*, where it means:
  a. something happening spontaneously, with no apparent reason or relation,
  b. state/action with one's own participation, power, reason or initiative.

Example:
> *Nie musisz mi tego mówić po raz dziesiąty.*
> → ***To się rozumie samo przez się.***

11. It changes the meaning of the base verb.

Example:
> *Prosił pan o receptę.*
> → *Lekarz **wypisał** dla pana receptę.*
> *Zrezygnowałem z członkostwa w klubie.*
> → ***Wypisałem się** z klubu.*

12. It appears in sentences with impersonal subject, while in sentences with personal subject it assumes one of the declensional forms.

Example:
> ***Marzą mi się** czasy, kiedy miałem dwadzieścia lat.*
> → ***Marzę sobie** o czasach, kiedy miałem dwadzieścia lat.*

Verbs which are always accompanied by the pronoun *się* and their aspect counterparts

czasownik niedokonany *ndk*	*czasownik dokonany* *dk*
bać się	pobać się
dogadywać się	dogadać się
domagać się	–
domyślać się	domyślić się
dowiadywać się	dowiedzieć się
dziać się	–
kłaniać się	ukłonić się; pokłonić się
kłócić się	pokłócić się

–	najeść się; zob. ndk jeść
–	napić się; zob. ndk pić
–	napocić się; zob. ndk pocić się
–	napodróżować się; zob. ndk podróżować
odzywać się	odezwać się
opiekować się	zaopiekować się
pocić się	spocić się; napocić się
(podobać się; ndk i dk)	spodobać się
pojawiać się	pojawić się
porozumiewać się	porozumieć się
posługiwać się	posłużyć się
–	pośmiać się; zob. ndk śmiać się
–	postarać się; zob. ndk starać się
–	powstydzić się; zob. ndk wstydzić się
przejmować się	przejąć się
przyczyniać się	przyczynić się
przyglądać się	przyjrzeć się; przyglądnąć się (pot.)
rozglądać się	rozejrzeć się; rozglądnąć się (pot.)
–	roześmiać się; zob. ndk śmiać się
rozstawać się	rozstać się
specjalizować się	wyspecjalizować się
spieszyć się a. śpieszyć się	pospieszyć się a. pośpieszyć się
spodziewać się	–
spóźniać się	spóźnić się
starać się	postarać się; wystarać się
śmiać się	zob. uśmiać się; zaśmiać się, pośmiać się i inne
–	uśmiać się; zob. ndk śmiać się
śpieszyć się; zob. spieszyć się	–
wpatrywać się	wpatrzyć się
wstydzić się	powstydzić się (w połączeniu z negacją)
wysypiać się	wyspać się
–	wystarać się; zob. ndk starać się; zob. dk postarać się
–	zaśmiać się; zob. ndk śmiać się
zaśmiewać się	zob. ndk śmiać się oraz dk zaśmiać się
zdarzać się	zdarzyć się
zderzać się	zderzyć się
zgadzać się	zgodzić się
zjawiać się	zjawić się

Verbs which are always accompanied by the pronoun *się* in alphabetical order

bać się/ndk

dogadać się/dk; dogadywać się/ndk; domagać się/ndk; domyślać się/ndk; domyślić się/dk; dowiadywać się/ndk; dowiedzieć się/dk; dziać się/ndk

kłaniać się/ndk; kłócić się/ndk

najeść się/dk; napić się/dk; napocić się/dk; napodróżować się/dk

odezwać się/dk; odzywać się/ndk; opiekować się/ndk

pobać się/dk; pocić się/ndk; podobać się/ndk i dk; pojawiać się/ndk; pojawić się/dk; pokłonić się/dk; pokłócić się/dk; porozumieć się/dk; porozumiewać się/ndk; posługiwać się/ndk; posłużyć się/dk; postarać się/dk; pośmiać się/dk; powstydzić się/dk; przejąć się/dk; przejmować się/ndk; przyczyniać się/ndk; przyczynić się/dk; przyglądać się/ndk; przyglądnąć się/dk (pot.); przyjrzeć się/dk

rozejrzeć się/dk; roześmiać się/dk; rozglądnąć się/dk (pot.); rozglądać się/ndk; rozstać się/dk; rozstawać się/ndk

specjalizować się/ndk; spieszyć się/ndk; spocić się/dk; spodobać się/dk; spodziewać się/ndk; spóźniać się/ndk; spóźnić się/dk; starać się/ndk

śmiać się/ndk; śpieszyć się/ndk

ukłonić się/dk; uśmiać się/dk

wpatrywać się/ndk; wpatrzyć się/dk; wstydzić się/ndk; wyspać się/dk; wyspecjalizować się/dk; wystarać się/dk; wysypiać się/ndk

zaopiekować się/dk; zaśmiać się/dk; zaśmiewać się/ndk; zdarzać się/ndk; zdarzyć się/dk;

zderzać się/ndk; zderzyć się/dk;
zgadzać się/ndk; zgodzić się/dk;
zjawiać się/ndk; zjawić się/dk

FUNCTION OF POSSESSIVE PRONOUNS

see exercises 99 - 100

▼ WORTH KNOWING ▼

| liczba pojedyncza | | | liczba mnoga | |
r. m.	r. ż.	r. nij.	rodzaj męskoosobowy	rodzaj niemęskoosobowy
swój	swoja	swoje	swoi	swoje
mój	moja	moje	moi	moje
jego	jej	jego	ich	ich

swój
Possessive pronoun referring to the subject, equivalent to the possessive pronouns *mój, twój, jego, jej, nasz, wasz, ich.*

▼ FUNCTIONS ▼

1. It means that something (someone) is somebody's property, belongs to somebody, is his/her own, or is used by them.

Example:
*Dbać o **swoje** (własne) rzeczy.*
*Zamknąć się w **swoim** (własnym) pokoju.*
*Proszę zabrać **swoją** (własną) lalkę i wyjść stąd.*

2. It means that something is personal property, concerns somebody (something) directly or is specific to somebody (something).

przykład:
*Lubić **swoje** dziecko.*
*Mieć **swoje** zainteresowania.*

3. It means that something (someone) is related to or connected with somebody in some way.

Example:
*Kochał **swój** kraj.*
*Umówił się ze **swoim** przełożonym.*

4. It means that something (someone) is familiar, trustworthy, affectionate, close.

Example:
> *To jest **swój** szef.*

5. It denotes home-made products.

Example:
> *Uwielbiał kiełbasę i bigos **swojej** roboty.*

ADJECTIVES AND THE CASES GOVERNED BY THEM

see exercises
111 - 118

▼ WORTH KNOWING ▼

1. Adjectives which require particular cases:

a. *bliski, ciekawy, głodny, godny, niepewny, nieświadomy, pewien, pewny, spragniony, syty, świadomy, wart, warty, winny, żądny* + Genitive

b. *bliski (oznacza stosunki międzyludzkie), niechętny, obcy, podległy, przychylny, przyjazny, równy, wierny, winien, winny, wrogi, współczesny, znany, życzliwy* + Dative

2. The most important prepositions which combine with adjectives:

dla + D.	*przeciw* + C.	*względem* + D.
do + D.	*przy* + Msc.	*z* + D.
na + B.	*u* + D.	*z* + N.
o + B.	*w* + B.	*za* + B.
o + Msc.	*w* + Msc.	
od + D.	*w stosunku do* + D.	

3. The most important adjectives which combine with prepositions and require particular cases:

bezczelny wobec	oskarżony o	wolny od
blady z(e)	ostatni z(e)	wrażliwy na
charakterystyczny dla	otwarty na	wymagający wobec
chciwy na	podobny do	wyższy o
czerwony z(e)	przeświadczony o	zadowolony z
dobry w	przyjazny dla	zagniewany na
doświadczony w	rozmiłowany w	zakochany w
gotowy do	spokojny o	zależny od
istotny dla	sprzeczny z	zaprzyjaźniony z
korzystny dla	szczery wobec	zaślepiony w
niewykonalny dla	szczęśliwy dla	zazdrosny o
obfity w	troskliwy o	zdolny do
obojętny wobec	wdzięczny za	zgodny z
odpowiedni dla	właściwy dla	życzliwy dla

PREPOSITIONS GOVERNING TWO CASES

▼ WORTH KNOWING ▼

The most important functions of prepositions which require two cases

na

a. występuje po czasownikach ruchu oraz po czasownikach, które oznaczają sytuacje statyczne oraz wskazują na powierzchnię, na której coś/ktoś się znajduje,
b. określa trwanie czegoś,
c. uzupełnia lub stanowi rozwinięcie czasownika,
d. występuje w połączeniu z następującymi czasownikami: *chorować, czekać, kierować, liczyć, narażać się/narazić się, narzekać, odpowiadać, patrzeć, spóźniać się/spóźnić się, zdążyć, zdecydować się, zważać.*

nad

występuje:
a. z czasownikami ruchu i określającymi punkt docelowy (kierunek),
b. z czasownikami, które oznaczają sytuacje statyczne,
c. z czasownikami wskazującymi na miejsce, w którym coś/ktoś się znajduje,
d. po czasownikach ruchu,
e. po czasownikach, które oznaczają sytuacje statyczne.

o

oznacza:
a. czynność mówienia, myślenia, pytania; decyzję, prośbę, stan uczuciowy,
b. wielkość, stopień w skali, rangę czegoś, miary ruchu przestrzennego lub określenie lokalizacji w przestrzeni,
c. lokalizację w czasie.

po

oznacza:
a. miejsce czynności – przestrzeń, tło, teren, różne miejsca zwykle tego samego typu,

b. część, okolicę ciała, część ubioru objętą działaniem, dzianie się czegoś,
c. środek, narzędzie komunikacji, zwykle nieruchome względem poruszającego się przedmiotu,
d. osoby, przedmioty kolejno lub stopniowo ogarniane przez ruch,
e. koniec upływu czasu, miarę czasu,
f. przedmiot zajmujący poprzednio dane miejsce,
g. przyjęcie stanu posiadania,
h. kolejność, następstwo, hierarchię,
i. kryterium rozpoznawania,
j. rozdzielenie pewnej całości na części,

wskazuje na:
k. kres przestrzenny, granicę zasięgu czegoś,
l. kres czasowy,
m. cel czynności, ruchu, dziania się czegoś, przedmiot będący tym celem,
n. liczbę, wartość, cenę czegoś lub ich jednostki,

wskazuje na:
sposób, okoliczności, zwyczaj, właściwości działania, dzianie się, dokonywanie się czegoś oraz wchodzi w skład wyrażeń, zwykle zleksykalizowanych, takich jak: *po cichu, po dziecinnemu, po francusku, po góralsku, po koleżeńsku, po ludzku, po mistrzowsku, po ojcowsku, po pijanemu, po polsku, po prostu, po staremu, po swojemu, po trzeźwemu, po złotemu (pot.)*.

poza

występuje:
a. z czasownikami ruchu oznaczającymi kierunek dalszy niż punkt; granicę wyznaczoną rzeczownikiem lub kierunek na zewnątrz przestrzeni ograniczonej,
b. z czasownikami oznaczającymi sytuacje statyczne oraz miejsce dalsze niż położenie przedmiotu oznaczonego przez rzeczownik, a na zewnątrz przestrzeni ograniczonej.

w

oznacza:
a. kierunek i przestrzeń dzielącą jakieś punkty (z czasownikiem *patrzeć*),
b. ubiór lub jego część, dodatek,
c. cel jakiejś czynności, działania,
d. wynik, skutek jakiejś czynności.

za

występuje:
a. z czasownikami ruchu,
b. z czasownikami oznaczającymi sytuacje statyczne,
c. z czasownikami o znaczeniu: *być odpowiedzialnym za..., dziękować/podziękować za..., kryć się za..., leżeć za..., oddawać/oddać coś za..., przebierać się/przebrać się za..., stawać/stanąć za, tęsknić za..., uchodzić za...*

określa:
d. że coś się dzieje w czasie,
e. że coś będzie się dziać po upływie jakiegoś czasu,
f. że coś będzie się dziać zaraz po innej czynności.

PART II EXERCISES

WORTH DOING

Exercise 1

Transform the sentences using one of the prepositions which require the Nominative.

Example:

Był naszym przyjacielem. Bywał u nas często w domu.
→ Bywał u nas w domu **jako** przyjaciel.

1. Miał szczególne prawa, bo był chory.
   .... chory miał w tym domu szczególne prawa.
2. Nasz sąsiad był pracowity. Mój ojciec też był pracowity.
   Mój ojciec był pracowity .... nasz sąsiad.
3. Ona nie była naszą matką. Traktowała nas jak matka.
   Ona była dla nas .... matka.
4. Popatrz na tego konia. Wspaniały!
   Koń .... koń, nic szczególnego.
5. Stała nad wodą i przeglądała się.
   Przeglądała się w wodzie .... w zwierciadle.
6. Ten drut przypomina igłę.
   Ten drut był cienki .... igła.
7. Wybudowali piękny dom.
   Wybudowali dom .... się patrzy!

Exercise 2

Transform the sentences using one of the prepositions which require the Genitive.

Example:

Był dom i ze wszystkich stron piękny park.
→ **Dookoła/dokoła** domu był piękny park.

1. Był ranny. Po upływie kilku godzin zmarł.
   Zmarł .... odniesionych ran.
2. Był staw, a dwa metry dalej stał mój dom.
   Mój dom stoi .... stawu.
3. Była brzydka pogoda, a oni wyjechali.
   Wyjechali .... brzydkiej pogody.
4. Była grupa 10 studentów. Wybrano tylko dwóch.
   Wybrano dwóch najlepszych studentów .... dziesięciu.

5. Była lekcja. Uczniowie rozmawiali na lekcji.
   Uczniowie rozmawiali .... lekcji.
6. Była studnia i stary żuraw.
   Stary żuraw stał .... studni.
7. Byłem u znajomych, ale chciałem już być w domu.
   Chciałem jak najszybciej wrócić .... domu.
8. Było dużo małych kamieni. Zewsząd wypływała woda.
   Woda wypływała .... kamieni.
9. Chciał herbatę. Powiedział, że nie lubi cukru.
   Pijał zawsze herbatę .... cukru.
10. Dokonali napadu zgodnie z przygotowanym planem.
    Obrabowali bank .... precyzyjnie zrobionego planu.
11. Dzieci biegały ze wszystkich stron starego zamku.
    Dzieci biegały .... starego zamku.
12. Kupiliśmy piękny, duży stół do pokoju jadalnego.
    Stół postawimy .... pokoju.
13. Miał dużą czapkę, ale nie przykrył nią wszystkich włosów.
    Włosy wystawały mu .... czapki.
14. Miał okulary. Patrzył na wszystkich dziwnie.
    Patrzył na wszystkich .... okularów.
15. Może pan przyjść między pierwszą a drugą.
    Jestem wolny .... pierwszej do drugiej.
16. Moja mama ma dzisiaj imieniny. Muszę jej kupić prezent.
    Muszę kupić prezent .... mojej mamy.
17. Mój dom był oddalony od miejsca pracy o około 2 km.
    .... domu do pracy miałem tylko dwa kilometry.
18. Muszę dziś załatwić sprawę, a urząd zamykają o trzeciej.
    Muszę dziś załatwić tę sprawę .... trzeciej.
19. Myślała tylko o jednej osobie.
    Myśli jej krążyły .... jednej tylko osoby.
20. Na horyzoncie widać było góry. Pod górami wody jeziora.
    Jezioro widać było .... gór.
21. Na scenie było pusto. Nagle pojawił się jakiś człowiek.
    Człowiek wyszedł .... kulis.
22. Nad łóżkiem wisiał okropny obraz. Zdjąłem go szybko.
    Zdjąłem obraz .... łóżka.
23. Nosił marynarkę z podwiniętymi nad łokieć rękawami.
    Rękawy miał podwinięte .... łokcia.
24. Odwiedziłem mojego brata w szpitalu.
    Byłem .... mojego chorego brata w szpitalu.

25. Pierwszy budynek na tej ulicy to szkoła, drugi to sklep.
    Sklep jest .... szkoły.
26. Po niebie płynęły chmury. Wreszcie zobaczyłem słońce.
    Słońce wyjrzało na chwilę .... chmur.
27. Poznałem go przed wojną.
    To był mój znajomy .... wojny.
28. Przez drzewa widać było wspaniałą willę.
    Willa stała .... drzew.
29. Przeziębił się i wkrótce zmarł.
    Zmarł .... przeziębienia.
30. Szukał sklepu. Przeszedł i nie zauważył tego sklepu.
    Przeszedł .... sklepu, którego szukał.
31. Ten pierścionek dał mi mój chłopiec.
    Dostałam ten pierścionek .... mojego chłopca.
32. To stare miasto zostało ogrodzone murem.
    Mur zbudowano .... miasta.
33. Tutaj jest czerwony dom, a trochę dalej jest kościół.
    Kościół jest .... czerwonego domu.
34. Tutaj jest hotel, a z drugiej strony jest biblioteka.
    Biblioteka jest .... hotelu.
35. Tutaj jest instrukcja. Zrób to zgodnie z instrukcją.
    Zrób to .... instrukcji.
36. Ucichły armaty rozstawione dookoła miasta.
    Wieczorem zapanowała cisza .... miasta.
37. Uzbieraliśmy dwa wiadra grzybów.
    Uzbieraliśmy .... trzech kilogramów grzybów.
38. Wolę herbatę niż tę niedobrą kawę.
    .... kawy zrób mi dobrą herbatę.
39. Wszyscy wyjechali, a on został sam w akademiku.
    Wszyscy wyjechali z akademika .... niego.
40. Z całej rodziny po wojnie została przy życiu tylko siostra.
    Nie miał już nikogo .... siostry.
41. Zawsze napadał na słabszych.
    Był okrutny .... słabszych.

Exercise 3

Transform the sentences using one of the prepositions which require the Dative.

Example:
>Miał określone zasady moralne. Zrobił to, bo musiał.
>→ Zrobił to **wbrew** swoim zasadom moralnym.

1. Miałem grypę. Musiałem zażywać tabletki.
   Musiałem zażywać tabletki .... grypie.
2. Mimo wartkiego prądu rzeki płynąłem dalej.
   Płynąłem .... prądowi.
3. Nie poszedł do szkoły. Chciał zrobić na złość mamie.
   .... mamie, nie poszedł do szkoły.
4. Przepisy prawne nie pozwalały na użycie broni.
   On wykroczył .... prawu.
5. Szybko wyzdrowiał, ponieważ miał dobrą opiekę.
   Wyzdrowiał szybko .... dobrej opiece.
6. Za chwilę już zachód słońca. Popatrz na słońce.
   Słońce chyliło się .... zachodowi.
7. Zakazano mu wychodzić z domu.
   .... zakazowi wyszedł z domu.
8. Zobaczyliśmy wiejską drogę, a w dali wioskę.
   Ta droga prowadziła .... wiosce.
9. Zrobił szybko karierę, ponieważ pomagał mu profesor.
   .... profesorowi zrobił szybko karierę.

Exercise 4

Transform the sentences using one of the prepositions which require the Accusative.

Example:
>Była wysoka góra.
>→ Turyści z trudem wspinali się **pod/na** górę.

1. Było pełno wody w tej wannie.
   Wanna była wypełniona wodą .... brzegi.
2. Dzisiaj jest piątek. Jutro muszę mieć ten projekt.
   Muszę mieć projekt .... sobotę.
3. Jeden chłopiec był znacznie wyższy od drugiego.
   Ten drugi był wyższy .... głowę.

4. Jutro jest niedziela? Spotkamy się jutro.
   Spotkamy się .... niedzielę.
5. Kochał muzykę.
   Powiedział, że nie kocha nic innego .... muzykę.
6. Ktoś zamówił garnitur u krawca.
   Krawiec szył garnitur .... zamówienie.
7. Kupiliśmy nowy samochód, którego używamy w niedzielę.
   Ten samochód mamy tylko .... niedzielę.
8. Miał drabinę. Przed nim była ściana.
   Oparł drabinę .... ścianę.
9. Miał wielki majątek.
   Rozdzielił ten majątek .... biednych.
10. Na niebie pojawiła się eskadra myśliwców.
   Wszyscy ludzie zatrzymali się i patrzyli .... górę.
11. Nie było miejsca do parkowania przed domem.
   Wjechaliśmy .... dom i tam zaparkowaliśmy.
12. Patrzył dalej niż miejsce, gdzie płynęła Wisła.
   Patrzył .... Wisłę.
13. W namiocie było bardzo duszno.
   Wyszedłem .... namiot.
14. Produkowali więcej niż przewidywała norma.
   Produkowali .... normę.
15. Przed nami była piękna rzeka.
   Ktoś powiedział: „Idziemy .... rzekę!"
16. Szedł z ciężkimi torbami.
   Torby ocierały mu się .... ziemię.
17. Używał zawsze zakładki, kiedy czytał książkę.
   Skończył czytać i włożył zakładkę .... kartki.
18. Uwielbiał karty.
   Codziennie grał .... karty.
19. W dali był piękny pomnik.
   Podeszliśmy .... ten pomnik.
20. W tym salonie była znakomita wystawa.
   Ludzie szli .... wystawę.
21. Włożył marynarkę i wyszedł na spacer.
   Choć był ubrany .... marynarkę, było mu zimno.
22. Woda w rzece była płytka.
   Przeszliśmy .... tę rzekę bez problemu.

Exercise 5

Transform the sentences using one of the prepositions which require the Instrumental.

Example:
   Był pałac z parkiem. Pałac widać było przez drzewa.
   → Park był **przed** pałacem.

1. Była grupa starszych kobiet.
   .... kobietami bawiły się dzieci.
2. Dostałeś polecenie. Musisz to zrobić.
   Musisz to zrobić .... poleceniem.
3. Dzisiaj obchodzono uroczyście święto narodowe.
   .... miastem powiewały biało-czerwone flagi.
4. Mam czas od godziny trzeciej do czwartej.
   Spotkamy się .... trzecią a czwartą.
5. Mój syn był wysoki. Jego jeszcze wyższy.
   .... moim synem jego syn był olbrzymem.
6. Nie lubię rozmawiać z pijanymi ludźmi.
   Nie lubię rozmawiać .... pijakami.
7. Nie mogę spotkać się z tobą o ósmej. Mogę wcześniej.
   Mogę się spotkać .... ósmą.
8. Palił się dom we wsi.
   .... wsią unosiły się kłęby dymu.
9. Przed nami były dwa równoległe osiedla.
   .... osiedlami ciągnęła się długa aleja.
10. Przy ulicy był dom. Z tyłu była część gospodarcza.
    Część gospodarcza była .... domem.
11. To jest małe miasteczko. Dalej niczego już nie ma.
    .... miasteczkiem były puste pola.
12. Uwielbiał swoją rodzinę.
    Nie widział niczego .... własną rodziną.
13. W koszyku były zdrowe i zepsute jabłka.
    .... zdrowymi jabłkami były również zepsute jabłka.
14. W mieście było olbrzymie lotnisko.
    .... miastem co chwilę przelatywały samoloty.
15. Zbudowaliśmy nowy dom.
    Garaż i piwnice były .... domem.

Exercise 6

Transform the sentences using one of the prepositions which require the Locative.

Example:

    Intryguje cię wciąż ten chłopiec?
    → Tak. Myślę wciąż **o** tym chłopcu.

1. Kot przed chwilą był pod stołem.
A teraz jest już . . . . stole.
2. Powiedz jej coś na temat jej córki.
Już rozmawiałyśmy . . . . jej córce.
3. Siedzę na wygodnym miejscu. A ty?
Wolałbym siedzieć . . . . twoim miejscu.
4. Skończymy obiad i pójdziemy na spacer.
Pójdziemy na spacer . . . . obiedzie.
5. Spotkamy się wieczorem.
Tak. Spotkamy się punktualnie . . . . ósmej.
6. Ta osoba jest niedyskretna.
Nie możemy rozmawiać . . . . tej osobie.
7. To jest mój dom. Czuję się tutaj najlepiej.
Najlepiej czuję się . . . . moim domu.
8. Zjemy kolację, a ty pozmywasz talerze.
Dobrze. . . . . zjedzeniu kolacji, pozmywam talerze.
9. Zobacz, ktoś kręci się koło twojego samochodu.
Jakiś człowiek coś robi . . . . twoim samochodzie.

Exercise 7

Use proper prepositions requiring the Nominative, Genitive, Dative, Accusative, Instrumental or Locative.

Example:

    Był naszym przyjacielem. Bywał u nas często w domu.
    → Bywał u nas w domu **jako** przyjaciel.

1. Miał szczególne prawa, bo był chory.
. . . . chory miał w tym domu szczególne prawa.
2. Nasz sąsiad był pracowity. Mój ojciec też był pracowity.
Mój ojciec był pracowity . . . . nasz sąsiad.
3. Ona nie była naszą matką. Traktowała nas jak matka.
Ona była dla nas . . . . matka.

4. Popatrz na tego konia. Wspaniały!
   Koń . . . . koń, nic szczególnego.
5. Stała nad wodą i się przeglądała.
   Przeglądała się w wodzie . . . . w zwierciadle.
6. Ten drut przypomina igłę.
   Ten drut był cienki . . . . igła.
7. Wybudowali piękny dom.
   Wybudowali dom . . . . się patrzy!
8. Był dom i ze wszystkich stron piękny park.
   . . . . domu był piękny park.
9. Był ranny. Po upływie kilku godzin zmarł.
   Zmarł . . . . odniesionych ran.
10. Był staw, a dwa metry dalej stał mój dom.
    Mój dom stał . . . . stawu.
11. Była brzydka pogoda, a oni wyjechali.
    Wyjechali . . . . brzydkiej pogody.
12. Była grupa 10 studentów. Wybrano tylko dwóch.
    Wybrano dwóch najlepszych studentów . . . . dziesięciu.
13. Była lekcja. Uczniowie rozmawiali na lekcji.
    Uczniowie rozmawiali . . . . lekcji.
14. Była studnia i stary żuraw.
    Stary żuraw stał . . . . studni.
15. Byłem u znajomych, ale chciałem już być w domu.
    Chciałem jak najszybciej wrócić . . . . domu.
16. Było dużo małych kamieni. Zewsząd wypływała woda.
    Woda wypływała . . . . kamieni.
17. Chciał herbatę. Powiedział, że nie lubi cukru.
    Pijał zawsze herbatę . . . . cukru.
18. Dokonali napadu zgodnie z przygotowanym planem.
    Obrabowali bank . . . . precyzyjnie zrobionego planu.
19. Dzieci biegały ze wszystkich stron starego zamku.
    Dzieci biegały . . . . starego zamku.

Exercise 8

Instructions as in exercise 7.

1. Kupiliśmy piękny, duży stół do pokoju jadalnego.
   Stół postawimy . . . . pokoju.
2. Miał dużą czapkę, ale nie przykrył nią wszystkich włosów.
   Włosy wystawały mu . . . . czapki.

3. Miał okulary. Patrzył na wszystkich dziwnie.
   Patrzył na wszystkich .... okularów.
4. Może pan przyjść między pierwszą a drugą.
   Jestem wolny .... pierwszej do drugiej.
5. Moja mama ma dzisiaj imieniny. Muszę jej kupić prezent.
   Muszę kupić prezent .... mojej mamy.
6. Mój dom był oddalony od miejsca pracy około 2 km.
   .... domu do pracy miałem tylko dwa kilometry.
7. Muszę dziś załatwić sprawę, a urząd zamykają o trzeciej.
   Muszę dziś załatwić tę sprawę .... trzeciej.
8. Myślała tylko o jednej osobie.
   Myśli jej krążyły .... jednej tylko osoby.
9. Na horyzoncie widać było góry. Pod górami wody jeziora.
   Jezioro widać było .... gór.
10. Na scenie było pusto. Nagle pojawił się jakiś człowiek.
    Człowiek wyszedł .... kulis.
11. Nad łóżkiem wisiał okropny obraz. Zdjąłem go szybko.
    Zdjąłem obraz .... łóżka.
12. Nosił marynarkę z podwiniętymi nad łokieć rękawami.
    Rękawy miał podwinięte .... łokieć.
13. Odwiedziłem mojego brata w szpitalu.
    Byłem .... mojego chorego brata w szpitalu.
14. Pierwszy budynek na tej ulicy to szkoła, drugi to sklep.
    Sklep jest .... szkoły.
15. Po niebie płynęły chmury. Wreszcie zobaczyłem słońce.
    Słońce wyjrzało na chwilę .... chmur.
16. Poznałem go przed wojną.
    To był mój znajomy .... wojny.
17. Przez drzewa widać było wspaniałą willę.
    Willa stała .... drzew.
18. Przeziębił się i wkrótce zmarł.
    Zmarł .... przeziębienia.
19. Szukał sklepu. Przeszedł i nie zauważył tego sklepu.
    Przeszedł .... sklepu, którego szukał.
20. Ten pierścionek dał mi mój chłopiec.
    Dostałam ten pierścionek .... mojego chłopca.

Exercise 9

Instructions as in exercise 7.

1. To stare miasto, ogrodzone murem.
   Mur zbudowano .... miasta.
2. Tutaj jest czerwony dom, a trochę dalej jest kościół.
   Kościół jest .... czerwonego domu.
3. Tutaj jest hotel, a z drugiej strony jest biblioteka.
   Biblioteka jest .... hotelu.
4. Tutaj jest instrukcja. Zrób to zgodnie z instrukcją.
   Zrób to .... instrukcji.
5. Ucichły armaty rozstawione dookoła miasta.
   Wieczorem zapanowała cisza .... miasta.
6. Uzbieraliśmy dwa wiadra grzybów.
   Uzbieraliśmy .... trzech kilogramów grzybów.
7. Wolę kawę niż tę niedobrą herbatę.
   .... herbaty zrób mi dobrą kawę.
8. Wszyscy wyjechali, a on został sam w akademiku.
   Wszyscy wyjechali z akademika .... niego.
9. Z całej rodziny po wojnie została przy życiu tylko siostra.
   Nie miał już nikogo .... siostry.
10. Zawsze napadał na słabszych.
    Był okrutny .... słabszych.
11. Miał określone zasady moralne. Zrobił to, bo musiał.
    Zrobił to .... swoim zasadom moralnym.
12. Miałem grypę. Musiałem zażywać dużo tabletek.
    Musiałem zażywać dużo tabletek .... grypie.
13. Mimo wartkiego prądu rzeki płynąłem dalej.
    Płynąłem .... prądowi.
14. Nie poszedł do szkoły. Chciał zrobić na złość mamie.
    .... mamie, nie poszedł do szkoły.
15. Przepisy prawne nie pozwalały na użycie broni.
    On wykroczył .... prawu, bowiem użył broni.
16. Szybko wyzdrowiał, ponieważ miał dobrą opiekę.
    Wyzdrowiał szybko .... dobrej opiece.
17. Za chwilę już zachód słońca. Popatrz na słońce.
    Słońce chyliło się .... zachodowi.
18. Zakazano mu wychodzić z domu.
    .... zakazowi, wyszedł z domu.

19. Zobaczyliśmy wiejską drogę, a w dali wioskę.
    Ta droga prowadziła .... wiosce.
20. Zrobił szybko karierę, ponieważ pomagał mu profesor.
    .... profesorowi zrobił szybko karierę.

Exercise 10

Instructions as in exercise 7.

1. Była wysoka góra.
   Turyści z trudem wspinali się .... górę.
2. Było pełno wody w tej wannie.
   Wanna była wypełniona wodą .... brzegi.
3. Dzisiaj jest piątek. Jutro muszę mieć ten projekt.
   Muszę mieć projekt .... sobotę.
4. Jeden chłopiec był znacznie wyższy od drugiego.
   Ten drugi był wyższy .... głowę.
5. Jutro jest niedziela? Spotkamy się jutro.
   Spotkamy się .... niedzielę.
6. Kochał muzykę.
   Powiedział, że nie kocha nic innego .... muzykę.
7. Ktoś zamówił garnitur u krawca.
   Krawiec szył garnitur .... zamówienie.
8. Kupiliśmy nowy samochód, którego używamy w niedzielę.
   Ten samochód mamy tylko .... niedzielę.
9. Miał drabinę. Przed nim była ściana.
   Oparł drabinę .... ścianę.
10. Miał wielki majątek.
    Rozdzielił ten majątek .... biednych.
11. Na niebie pojawiła się eskadra myśliwców.
    Wszyscy ludzie zatrzymali się i patrzyli .... górę.
12. Nie było miejsca do parkowania przed domem.
    Wjechaliśmy .... dom i tam zaparkowaliśmy.
13. Patrzył dalej niż miejsce, gdzie płynęła Wisła.
    Patrzył .... Wisłę.
14. Podobała nam się zabytkowa brama.
    Stanęliśmy .... tą bramą.
15. Produkowali więcej niż przewidywała norma.
    Produkowali .... normę.
16. Przed nami była piękna rzeka.
    Ktoś powiedział: „Idziemy .... rzekę!"

17. Szedł z ciężkimi torbami.
    Torby ocierały mu się .... nogi.
18. Używał zawsze zakładki, kiedy czytał książki.
    Skończył czytać i włożył zakładkę .... kartki.
19. Uwielbiał karty.
    Codziennie grał .... karty.
20. W dali był piękny pomnik.
    Podeszliśmy .... ten pomnik.

Exercise 11

Instructions as in exercise 7.

1. W tym salonie była znakomita wystawa.
   Ludzie szli .... wystawę.
2. Włożył marynarkę i wyszedł na spacer.
   Choć był ubrany .... marynarkę, było mu zimno.
3. Woda w rzece była płytka.
   Przeszliśmy .... tę rzekę bez problemu.
4. Był pałac z parkiem.
   Park był .... pałacem.
5. Była grupa starszych kobiet.
   .... kobietami bawiły się dzieci.
6. Dostałeś polecenie. Musisz to zrobić.
   Musisz to zrobić .... poleceniem.
7. Dzisiaj obchodzono uroczyście święto narodowe.
   .... miastem powiewały niebiesko-biało-czerwone flagi.
8. Mam czas od godziny trzeciej do czwartej.
   Spotkamy się .... trzecią a czwartą.
9. Mój syn był wysoki. Jego jeszcze wyższy.
   .... moim synem jego syn był olbrzymem.
10. Nie lubię rozmawiać z pijanymi ludźmi.
    Nie lubię rozmawiać .... pijakami.
11. Nie mogę spotkać się z tobą o ósmej. Mogę wcześniej.
    Mogę się spotkać .... ósmą.
12. Palił się dom we wsi.
    .... wsią unosiły się kłęby dymu.
13. Przed nami były dwa równoległe osiedla.
    .... osiedlami ciągnęła się długa aleja.
14. Przy ulicy był dom. Z tyłu była część gospodarcza.
    Część gospodarcza była .... domem.

15. To jest małe miasteczko. Dalej niczego już nie ma.
.... miasteczkiem były puste pola.
16. Uwielbiał swoją rodzinę.
Nie widział niczego .... własną rodziną.
17. W koszyku były zdrowe i zepsute jabłka.
.... zdrowymi jabłkami były również zepsute jabłka.
18. W mieście było olbrzymie lotnisko.
.... miastem co chwilę przelatywały samoloty.
19. Zbudowaliśmy nowy dom.
Garaż i piwnice były .... domem.
20. Intryguje cię wciąż ten chłopiec?
Tak. Myślę wciąż .... tym chłopcu.

Exercise 12

Instructions as in exercise 7.

1. Kot przed chwilą był pod stołem.
A teraz jest już .... stole.
2. Powiedz jej coś na temat jej córki.
Już rozmawiałyśmy .... jej córce.
3. Siedzę na wygodnym miejscu. A ty?
Wolałbym siedzieć .... twoim miejscu.
4. Skończymy obiad i pójdziemy na spacer.
Pójdziemy na spacer .... obiedzie.
5. Spotkamy się wieczorem.
Tak. Spotkamy się punktualnie .... ósmej.
6. Ta osoba jest niedyskretna.
Nie możemy rozmawiać .... tej osobie.
7. To jest mój dom. Czuję się tutaj najlepiej.
Najlepiej czuję się .... moim domu.
8. Zjemy kolację, a ty umyjesz talerze.
Dobrze. .... zjedzeniu kolacji, umyję talerze.
9. Zobacz, ktoś kręci się koło twojego samochodu.
Jakiś człowiek coś robi .... twoim samochodzie.
10. Czuję się dobrze, kiedy jesteś ze mną.
Czuję się dobrze .... tobie.

Exercise 13

Fill in the blanks with proper prepositions. Look at the example given in the first sentence.

Sen na tapczanie

Zdecydowałem, że powinienem pobyć chwilę **na** powietrzu. Po prostu .... dworze, zamiast siedzieć całymi dniami .... tapczanie. Zdecydowałem najpierw wyjść .... podwórko i rozejrzeć się, czy gdzieś jest trawa. Tak chętnie położyłbym się .... trawie. Miałbym .... sobie jedynie podkoszulek, a marynarkę zawiesiłbym .... jakimś drzewie i leżąc, patrzyłbym .... niebo. Tak jak wtedy, trzy lata temu, kiedy byłem .... Mazurach.

Pojechałem wtedy .... Mazury pełen entuzjazmu. Pracowałem tam .... polu, a po południu odpoczywałem. Kiedy przyjechałem .... miejsce, było bardzo ciepło. Po wyjściu .... autobusu stałem chwilę .... deszczu, bo nie wiedziałem dokąd pójść. Wiedziałem tylko, że mój znajomy mieszka .... małym, niebieskim domku, którego okna wychodzą .... ogród. Skierowałem się więc .... północ i po chwili wszedłem .... kamienne schody, które prowadziły donikąd. Czas upływał mi .... rozglądaniu. Pomyślałem sobie, że mam dość czasu, ponieważ przyjechałem tutaj aż .... miesiąc. Była godzina dziesiąta, a ja umówiłem się .... moim znajomym .... godzinę trzecią. Wspinając się .... schodach, ... pierwszy rzut oka wydawało mi się, że wyżej nie ma już niczego. Okazało się jednak, że tam gdzie kończyły się schody, był rów głęboki .... trzy metry. Przestraszyłem się. Stanąłem jak wryty. Nie mogłem jednak czekać tutaj .... zmierzchu, gdyż umówiłem się .... konkretną godzinę. Spojrzałem .... niebo. Zanosiło się .... deszcz. Przed chwilą jeszcze cieszyłem się .... to spotkanie, a teraz, masz. Zaczynam narzekać .... niewygody. .... omszałych kamiennych schodkach nie mogę się przecież zdać się .... przypadek. Nikt tutaj nie pojawi się .... zawołanie. Nie mam .... co liczyć. Pomyślałem: „Gdybym tak miał fotel .... kółkach". Nie byłem odporny ...... upał, a .... strachu nie zauważyłem, że słońce grzeje mnie coraz bardziej w czułe miejsca .... głowie, ... której już było niewiele włosów. – „A może tak zawołałbym kogoś .... ratunek?" – pomyślałem.

Byłem przecież .... samego rana .... czczo. Nic nie jadłem .... rana. „To mi nie wyjdzie .... dobre" – znowu pomyślałem. Miałem nadzieję, że nie zostanę tutaj .... zawsze, bo przecież przyjechałem ..... Mazury ...... krótko, tylko ...... wakacje, a nie ..... całe życie. Usiadłem, potem położyłem się .... wznak. Znikąd żadnej pomocy. Przede mną rów ...... trzy metry. Krzyknąłem: Ratunku!!! Przetarłem oczy. To był sen. Okropny sen. Wstałem .... tapczanu.

Otworzyłem okno .... oścież. Wyszedłem .... balkon. Położyłem się .... balkonie, ... brzuchu, z rękoma .... oczach, żeby zapomnieć ten okropny sen. Nie miałem ochoty wyjść .... zewnątrz.

Exercise 14

Instructions as in exercise 13.

Hiszpania to mój ulubiony kraj

Tęsknię *po* przebywaniu .... tych wszystkich zwariowanych ludzi, którzy biegną .... metra, wskakują .... autobusów, umykają .... motocyklami, wyskakują .... autobusów i tkwią .... korkach ulicznych, podziwiają te wszystkie pomniki .... tych absurdalnych parkach. Jakże mi brak podejrzanych damulek .... Placu de la Concorde. Hiszpania .... mojej wyobraźni była całkiem inna. Zdaje się, że mogłabym pozostać .... zawsze .... Hiszpanii – gdybym wcześniej nie zobaczyła Paryża (...). Teraz przebywam .... Majorce i byłby to prześliczny zakątek, gdyby utopić .... morzu te wszystkie emerytowane wdowy i zabronić im popijania Martini Dry. Naprawdę, czegoś takiego .... życiu nie widziałam. Jak te stare baby złopią i robią oczy .... każdego mężczyzny, a w szczególności .... takich .... osiemnastu lat (...). Być może jest to rzut oka .... moją przyszłość. Jedyna trudność polega .... tym, że zanadto sama się cenię (...). Dałam się namówić pewnej angielskiej rodzinie, którą poznałam .... Barcelonie, ... nudną wyprawę .... Sewilli. Chcą mnie zabrać .... walkę byków. .... cały czas mojego pobytu jeszcze tego nie widziałam. Są sympatyczni. On jest czymś .... rodzaju poety .... BBC (...). Mają postrzelonego synka, który ubzdurał sobie, że się .... mnie zakochał. Jest zbyt angielski i .... wiele, wiele .... młody. A więc jutro wyjeżdżamy .... dziesięć dni. Oni wracają następnie .... Anglii, a ja ...... Ciebie!

fragment listu Helli do Davida z:
J. Baldwin *Mój Giovanni* w przekładzie A. Selerowicza

Exercise 15

Fill in the blanks with proper prepositions.

Idź i kup gazetę

Mama: Dlaczego biegasz cały dzień **po** polu?
Chłopiec: Nie biegałem .... polu, ale biegałem .... lesie.
Mama: Byłeś sam .... lesie?
Chłopiec: Nie. Byłem .... pokoju .... kolegi.
Mama: .... pokoju .... kolegi biegałeś .... lesie? To niemożliwe. Co ty opowiadasz?
Chłopiec: Mój kolega ma .... pokoju sztuczny las. A pokój ma .... ogromnym domu. Taki jak nasze mieszkanie, mieszkanie Grochala i jeszcze tego jednego sąsiada, Nęgi.
Mama: Tak. Twój kolega ma sztuczny las, a .... lesie dywan.
Chłopiec: Oczywiście, że ma dywan. Ma tam też kamienie, sztuczne błoto.
Mama: Wyobrażam sobie, jak skakaliście .... kamieniach, chodziliście .... sztucznym błocie i stąpaliście delikatnie .... nowym dywanie.
Chłopiec: Jest jeszcze piasek i sztuczna trawa. Biegaliśmy .... trawie i .... piasku.
Mama: Coś mi się wydaje, że jego ojciec kupił mu cały las wraz ...... wyposażeniem.
Chłopiec: Szkoda, że nie ma tam gór.
Mama: Przecież ty nie lubisz chodzić .... górach. Byliśmy raz .... górach i strasznie narzekałeś, że bolą cię nogi.
Chłopiec: .... prawdziwych górach to ja nie lubię chodzić, ale .... sztucznych mógłbym spacerować.
Mama: A czy .... lasem było sztuczne niebo?
Chłopiec: Oczywiście. Było niebo i były sztuczne chmury, które płynęły .... niebie.
Mama: Pewnie już wszyscy wiedzą .... okolicy .... tym sztucznym lesie.
Chłopiec: Oczywiście, wieść rozeszła się jak błyskawica .... okolicy. Niektórzy mówią, że tam można też zbierać grzyby.
Mama: Grzyby? Można iść .... grzyby .... sztucznego lasu? Nie wierzę!
Chłopiec: Dlaczego drapiesz się .... głowie? Nie wierzysz?
Mama: Dreszcz przeszedł mi .... plecach, kiedy zauważyłam, jak łatwo daję się wciągnąć ..... ten twój wymyślony świat.

Chłopiec:	A wiesz, co jest .... drugiej stronie ulicy?
Mama:	To ulica też jest .... tym lesie?
Chłopiec:	Idzie się .... kierunku ulicy .... kładce.
Mama:	A .... kładką jest drabina, co?
Chłopiec:	Skąd wiesz? Rzeczywiście wchodzi się .... kładkę .... drabinie.
Mama:	Szkoda, że nie ma liny. Ludzie mogliby wspinać się .... linie.
Chłopiec:	Mamo! Co ty opowiadasz! .... linie można wspinać się, ale w górach!
Mama:	No dobrze. A teraz idź do sklepu .... gazety ojca. Ojciec wraca .... pracy zawsze zmęczony i .... obiedzie lubi sobie poczytać. Nie rozglądaj się .... pokoju. Portfel jest jak zwykle w słoiku .... musztardzie.
Chłopiec:	Dobrze. Już idę. A dasz nam .... kawałku tortu .... obiedzie?
Mama:	Tort zjemy dopiero .... kolacji. Pospiesz się! Ojciec jest już .... domem. Poznaję go .... głosie.

Exercise 16

Instructions as in exercise 13.

Jesienna przygoda

Spotkaliśmy się *pod* koniec miesiąca. Miało się już .... jesień. .... drzewach było coraz więcej żółto-złocistych liści. Skierowaliśmy się .... największe drzewo .... niewielkim parku. Stanęliśmy .... tym największym jesiennym drzewem, ... którym leżały już pierwsze żółto-złociste liście. Kiedy ruszyłem nogą, zobaczyłem, że .... liśćmi spały niewielkie robaki, leniwe i ospałe. – „Popatrz – powiedziałem .... kolegi – jakie okropne robaki". Kolega nie miał niczego .... ręką. Zaczął szukać kawałka uschniętej gałęzi. – „Leżą jak .... kołdrą" – odezwał się .... chwili, wciąż szukając kawałka gałęzi. Kiedy odwróciłem głowę, był już .... drzewie i trzymał się rękoma .... gałąź z nogami wiszącymi .... powietrzu. .... ciężarem jego ciała gałąź się złamała. Teraz leżał .... ruchu .... drzewem. Stanąłem .... nim i popatrzyłem mu prosto .... oczy. On popatrzył na mnie .... światło słońca i oślepiony promieniami słonecznymi przymrużył oczy. „Urodziłeś się .... szczęśliwą gwiazdą – powiedziałem ze smutkiem głosie. Gdyby nie liście leżące .... drzewem, mógłbyś połamać sobie wszystkie kości". „Lepiej spaść niż wpaść .... samochód" – odpowiedział .... moją uwagę.

Exercise 17

Fill in the blanks with proper prepositions. Look at the example given in point 1.

I co dalej?

1.
Przechodzień nie zauważył nadjeżdżającego samochodu.
Samochód nie zdążył wyhamować na śliskiej jezdni.
→ Przechodzień wpadł **pod** samochód.

2.
Najpierw płetwonurek był na powierzchni wody.
Potem zniknął z powierzchni wody.
→ Płetwonurek pływał .... wodą.

3.
Szukałem starych gazet w szafie.
Pomyślałem, że gdzieś musiałem je schować w niewidocznym miejscu.
→ Znalazłem je .... szafą.

4.
Mieliśmy starą kuchnię, na której przyrządzaliśmy posiłki.
Powinienem za chwilę przygotować obiad.
→ Musiałem napalić .... kuchnią.

5.
Poczułem, że mi jest zimno. Obok mnie był koc.
→ Leżałem .... kocem i wreszcie było mi ciepło.

6.
Siedziałem w mieszkaniu w marynarce. Dzisiaj temperatura w mieszkaniu spadła do 12 stopni.
→ Włożyłem sweter .... marynarkę.

7.
Przejeżdżaliśmy przez ubogą wieś. Nigdzie nie było murowanych domów.
→ Wszystkie domy były .... strzechą.

8.
   Chciałem ją pożegnać na rogu ulicy.
   Ona bała się wracać sama do domu, który był oddalony o kilkadziesiąt metrów.
   → Musiałem ją odprowadzić . . . . sam dom.
9.
   Biegliśmy w kierunku mety.
   Nagle zerwał się silny wiatr, który wiał nam prosto w twarz.
   → Biegliśmy . . . . wiatr.
10.
   Miał wciąż młodzieńczą sylwetkę, ale na twarzy widać było zdecydowane zmarszczki.
   Zastanawialiśmy się, ile lat może mieć ten mężczyzna o młodzieńczej sylwetce.
   → Ktoś powiedział, że jest to mężczyzna . . . . czterdziestkę.

Exercise 18

Change the sentences with verbs into sentences with verbal nouns, as in the example.

Example:
   Brakowało ciągle rąk do pracy.
   → **Brak** rąk do pracy utrudniał organizację pracy.

1. Bogowie rozkoszowali się zemstą.
   Zemsta jest . . . . bogów.
2. Buntowali się wszyscy przeciwko dyrektorowi.
   . . . . przeciwko dyrektorowi nasilał się z dnia na dzień.
3. Ceny wzrastały z miesiąca na miesiąc.
   . . . . cen był przerażający.
4. Chłopcy skakali z wysokiej skały do wody.
   Najwspanialszy . . . . wykonał najmłodszy z chłopców.
5. Choroba gwałtownie się rozwijała.
   . . . . tej choroby zastanawiał specjalistów.
6. Dobrze pan dzisiaj wyrobił ciasto.
   Dzisiejszy . . . . należy do doskonałych.
7. Dojeżdżał codziennie do pracy metrem.
   . . . . do pracy metrem zajmował mu godzinę.
8. Dotykał jej zawsze w czułe miejsca.
   Jego . . . . budził w niej odrazę.

9. Droga skręcała pod kątem 90 stopni.
   Ten .... drogi należał do najniebezpieczniejszych.
10. Drukowali tę książkę już od kilku miesięcy.
   .... tej książki zajął ponad cztery miesiące.

Exercise 19

Instructions as in exercise 18.

1. Drzewa szumiały nad rzeką.
   Uwielbiałem .... drzew nad rzeką.
2. Lekarz dyżurował zwykle od ósmej do dziesiątej.
   W dniu dzisiejszym odwołano .... lekarza.
3. Dziecko płakało od kilku minut.
   .... dziecka doprowadzał mnie do szału.
4. Eksportowano wiele towarów do Mongolii.
   .... towarów do Mongolii był opłacalny.
5. Gniewał się z powodu hałasu sąsiadów.
   Ogarniał go coraz większy .... na sąsiadów.
6. Handlowali na placu narkotykami.
   .... narkotykami był zabroniony.
7. Importowali mleko z zagranicy.
   .... mleka z zagranicy był zabroniony.
8. Kaszlał po wypaleniu dużej ilości papierosów.
   Jego .... był nie do zniesienia.
9. Kontaktował się z obcym wywiadem.
   .... z obcym wywiadem skompromitował go.
10. Ktoś chodził koło domu.
   .... tego człowieka przypominał stąpanie pijaka.

Exercise 20

Instructions as in exercise 18.

1. Ktoś gwizdnął na psa.
   Pies zareagował na .... swojego pana.
2. Ktoś przypadkowo wystrzelił z pistoletu.
   Okazało się, że był to śmiertelny ....
3. Lataliśmy helikopterem nad górami.
   .... nad górami był bardzo przyjemny.
4. Lękał się o przyszłość dzieci.
   Jego .... o przyszłość dzieci był uzasadniony.

5. Ludzie tłoczyli się do wyjścia w autobusie.

.... w autobusie był nie do zniesienia.

6. Łykał codziennie kilkanaście kropli lekarstwa.

Każdy............................ lekarstwa sprawiał mu ulgę.

7. Nakazali opuszczenie domu.

.... opuszczenia domu dostarczono dwa dni temu.

8. Nakazano wprowadzenie stanu wojennego.

.... wprowadzenia stanu wojennego ogłoszono w radiu.

9. Napadali na stare kobiety.

Każdy............. na stare kobiety był odnotowany przez policję.

10. Napisała referat, a potem go odczytała.

.... referatu zajął jej 15 minut.

Exercise 21

Instructions as in exercise 18.

1. Nasz kapitan lubił rozkazywać.

(pl.)............................. kapitana były suche, krótkie.

2. Nie lubił, kiedy ktoś mu się sprzeciwiał.

.... kogokolwiek budził w nim agresję.

3. Nie udało się przymusić dzieci do posłuszeństwa.

.... dzieci do posłuszeństwa skazany był na niepowodzenie.

4. Nie umiał wypowiedzieć się na jakikolwiek temat.

Każda jego............................ budziła śmiech na sali.

5. Nie winił nikogo za to, co się stało.

Wziął całą.. na siebie.

6. Niepokoiłem się o los mojego syna.

Z dnia na dzień ogarniał mnie coraz większy................ o syna.

7. Nowe banknoty, euro szeleściły.

Lubiłem ten delikatny............................. banknotów.

8. Objechaliśmy miasto od strony północnej.

.... miasta od strony północnej zajął nam godzinę.

9. Obracaliśmy wielką gotówką.

.... gotówką przynosił nam duże zyski.

10. Oddychałem z trudem.

Każdy......................... wymagał niezmiernego wysiłku.

Exercise 22

Instructions as in exercise 18.

1. Odpowiedziałem ci już na to pytanie.
   Twoja . . . . na moje pytanie jest niekonkretna.
2. Opierali się przed płaceniem podatków.
   Ich . . . . był zupełnie nieuzasadniony.
3. Opisałem moją podróż w dziennikach.
   . . . . tej podróży jest znakomity.
4. Państwo pomagało biednym.
   . . . . państwa dla biednych była znikoma.
5. Podzielili wielkie tereny na małe działki.
   . . . . terenów na małe działki odbył się wczoraj.
6. Praca postępowała wolno, ale zdecydowanie.
   . . . . gospodarczy zależał od organizacji pracy.
7. Protestowali przy każdej okazji.
   Ich . . . . wynikał z niezadowolenia.
8. Prowadziłem wykład, a słuchacze szeptali.
   . . . . słuchaczy denerwował mnie.
9. Przełożył powieść X z japońskiego na polski.
   . . . . książki X z japońskiego na polski był znakomity.
10. Przedrukowali artykuł z brukowej gazety.
    . . . . artykułu okazał się wielkim skandalem.

Exercise 23

Instructions as in exercise 18.

1. Przeglądaliśmy stare filmy.
   . . . . starych filmów zajął nam całe popołudnie.
2. Przejeżdżaliśmy przez zatłoczone miasto.
   . . . . przez zatłoczone miasto zajął nam godzinę.
3. Przelewano pieniądze z banku do banku.
   . . . . pieniędzy z banku do banku zajął dwa dni.
4. Przyjaźnił się od lat z profesorem X.
   Jego . . . . z profesorem X trwała od lat.
5. Przyjechali do nas koledzy.
   . . . . kolegów ucieszył nas niezmiernie.
6. Ptaki już odleciały.
   . . . . ptaków wskazywał na koniec jesieni.
7. Robotnicy wywozili śmiecie sprzed bloku.
   . . . . śmieci odbywał się w godzinach porannych.

8. Rozdzielono łup między uczestników napadu.
   .... łupu odbył się zaraz po napadzie na bank.
9. Rozkwitały kwiaty.
   .... kwiatów i krzewów odbywał się w tym samym czasie.
10. Ruszyłem nogą.
   Każdy .... nogi przysparzał mi wiele bólu.

Exercise 24

Instructions as in exercise 18.

1. Samolot przyleciał z godzinnym opóźnieniem.
   .... samolotu na lotnisko powitaliśmy z ulgą.
2. Skupowali wieprze i woły za bezcen.
   .... wołowiny i wieprzowiny w tym rejonie się opłacił.
3. Spacerowaliśmy bez celu po mieście.
   .... po mieście wypełniał nam nudę i pustkę.
4. Spierali się o wpływy w organizacji.
   .... o wpływy zakończył się rozłamem.
5. Spowiadałem się w każdą niedzielę, bo grzeszyłem.
   .... w każdą niedzielę uwalniała mnie od grzechów.
6. Strażnik obchodził bank dwa razy w nocy.
   Każdy .... wpisywał do raportu.
7. Ten tenor śpiewał znakomicie.
   .... tego tenora zniewalał mnie.
8. Tkanka rozrastała się w zastraszającym tempie.
   .... tkanki odbywał się w nienaturalny sposób.
9. Transportowali mięso wielkimi ciężarówkami.
   .... mięsa odbywał się w ciężarówkach.
10. Trudziła się całe życie.
   (pl.) .... życia zniszczyły jej urodę.

Exercise 25

Instructions as in exercise 18.

1. U chorego zanikały tkanki.
   .... tkanek przybierał przerażające tempo.
2. Uśmiechała się często.
   Jej .... był czarujący.
3. Upierał się przy swojej decyzji.
   Czasami jego .... był dziecinny.

4. W tym ćwiczeniu musisz zeskoczyć i przewrócić się.
   .... z jednoczesnym zeskokiem nie jest łatwy.
5. Wielka kra naciskała na statek.
   .... kry spowodował uszkodzenie statku.
6. Wojownicy zaczęli tańczyć przed atakiem.
   .... wojowników nie wróżył nic dobrego.
7. Wszyscy powinni głosować w tych wyborach.
   W tych wyborach liczył się każdy ....
8. Wszystko, co czynił, czynił z pasją.
   Jego (pl.) .... przynosiły konkretne rezultaty.
9. Wydawało mu się, że domyśla się wszystkiego.
   Jego (pl.) .... się nie potwierdziły.
10. Wystąpili na scenie tancerze z Kłaja.
    Ich .... oglądała cała wieś.

Exercise 26

Instructions as in exercise 18.

1. Za ścianą sąsiedzi hałasowali.
   .... sąsiadów denerwował mnie od dawna.
2. Zakazano korzystania ze starej windy.
   .... ten dotyczył wszystkich mieszkańców bloku.
3. Zakupiono komputery dla szkoły.
   .... komputerów zrujnował budżet szkoły.
4. Zamierzali zdobyć najwyższy szczyt.
   Ich .... zdobycia tego szczytu był szaleństwem.
5. Zapalił się do nauki języka koreańskiego.
   Jego .... ostudził się po dwóch lekcjach.
6. Zapowiedzieli podwyżkę cen.
   Ta .... przeraziła nas.
7. Zawodnicy musieli startować z określonego miejsca.
   .... z tego miejsca był utrudniony.
8. Zawsze, kiedy wyjeżdżała, płakał.
   I tym razem jej .... został opłakany.
9. Zawsze wszystko pamiętał.
   Nigdy nie zawodziła go ....
10. Zazdrościli koledze sukcesów w pracy.
    Zjadała ich systematycznie ....
11. Znany zboczeniec mordował tylko kobiety.
    .... kobiet był jego obsesją.

12. Znowu spisywali książki w bibliotece.
   .... książek w bibliotece zajął im tydzień.
13. Żałowała straconej okazji.
   Zrobiło jej się .... straconej okazji.

Exercise 27

Make sentences as in the example.

Example:
   Ty? Czas? Brak?   → Co? **Brak ci czasu?**

1. Ty? Apetyt? Brak?   Co? Brak....... ....?
2. Wy? Dowody? Brak?   Co? Brak......... ....?
3. Łacina? Braki?   Co? Braki...... ....?
4. Klasa? Braki?   Co? Braki....... ....?
5. Ty? Słowa? Brak?   Co? Brak......... ....?
6. Ludzie? Brak?   Co? Brak......... ....?
7. Władza? Bunt?   Co? Bunt........ ....?
8. Lud? Bunt?   Co to jest? Bunt.............?
9. Koń? Chód?   Czy to naprawdę ....
                                   ....?
10. Silnik? Chód?   Wyregulować ....
                                   ....?
11. Rycerz? Czyn?   To był........... ....?
                                   Tak. To był rycerski czyn!
12. Praca? Dojazd?   Mam wygodny ....
                                   ....
13. Fabryka? Dojazd?   To jest jedyny ....
                                   ....?
14. Ręka? Dotyk?   To jest delikatny ....
                                   ....?
15. Powieść? Druk?   Rozpoczęto już ....
                                   ....?
16. Chory człowiek? Dyżur?   Pielęgniarka ma ....
                                   .... (.........)?
17. Lekarz? Dyżur?   Już skończył się ....
                                   ....?
18. Węgiel? Eksport?   Co?..........................?
19. Myśl techniczna? Eksport? Jaki.......... ....?
20. Ptaki? Głos?   Co?............ ....?

Exercise 28

Instructions as in exercise 27.

1. Działa? Głos?   Co?................. ....?
2. Rozsądek? Głos?   Co?................. ....?
3. Sumienie? Głos?   Co?................. ....?
4. Bogowie? Gniew?   Co?................. ....?
5. Wiatr? Gwizd?   Co?................. ....?
6. Pociski? Gwizd?   Co?................. ....?
7. Wielkie miasto? Hałas? Co?................. ....?
8. Nieruchomości? Handel? Co?................. ....?
9. Zboże? Handel?   Co?................. ....?
10. Towary? Import?   Co?................. ....?
11. Dziecko? Kaszel?   Co?................. ....?
12. On? Kontakt?   Co?................. ....?
13. Bieda, choroba, śmierć? Lęk? Co? Lęk......... ....,
    ...., ...?
14. Pocisk? Lot?   Co?................. ....?
15. Ptaki? Lot?   Co?................. ....?
16. Kosmos? Lot?   Co? Lot..... ....?
17. Załoga? Lot?   Co?................. ....?
18. Woda? Łyk?   Co?................. ....?
19. Człowiek? Mord?   Co?................. ....?
20. Siły nieprzyjaciela? Nacisk? Co?........ ....?

Exercise 29

Instructions as in exercise 27.

1. On? Nacisk?   Co? Nacisk..... ....?
2. Aresztowanie? Nakaz?   Co?............. ....?
3. Bandyci? Napad?   Co? Napad.................?
4. Bank? Napad?   Co? Napad..... ....?
5. Broń w ręku? Napad?   Co? Napad........ .... w ręku?
6. Dusza? Niepokój?   Co?............. ....?
7. Chore dziecko? Niepokój?   Co? Niepokój..... ....?
8. Posiadłość? Obchód?   Co?............. ....?
9. Samochód? Objazd?   Co?............. ....?
10. Papierosy? Obrót?   Co?............. ....?
11. Figura? Obrót?   Co?............. ....?
12. Znany profesor? Odczyt?   Co? Odczyt........ ....?

13. Wulkany? Odczyt?   Co? Odczyt? ....?
14. Człowiek? Oddech?   Co? ....?
15. Samolot? Odlot?   Co? ....?
16. Warszawa? Odlot?   Co? ....?
17. Kuba? Odlot?   Co? ....?
18. Student? Odpowiedź?   Co? ....?
19. Pytanie? Odpowiedź?   Co? Odpowiedź..... ....?
20. Podróż? Opis?   Co? ....?

Exercise 30

Instructions as in exercise 27.

1. Pamięć? Opis?   Co? Opis.... ....?
2. Silnik? Opór?   Co? ....?
3. Zmarły? Pamięć?   Co? Pamięć.... ....?
4. Dziecko? Płacz?   Co? ....?
5. Zabawki? Płacz?   Co? Płacz.... ....?
6. Majątek? Podział?   Co? ....?
7. Części? Podział?   Co? Podział.... ....?
8. Matka? Podziw?   Co? Podziw.... ....?
9. Bogaci? Pomoc?   Co? ....?
10. Biedni? Pomoc?   Komu? Pomoc................?
11. Brat? Pomoc?   Co? Pomoc.... ....?
12. Technika? Postęp?   Co? ....?
13. Informatyka? Postęp?   Co? Postęp.... ....?
14. Marnotrawny syn? Powrót?   Co? ....?
15. Warszawa? Powrót?   Co? Powrót.... ....?
16. Lud? Protest?   Co? ....?
17. Podwyżki? Protest?   Co? Protest......... ....?
18. Cały podręcznik? Przedruk? Co? ....
                               ....?
19. New York Times? Przedruk? Co? Przedruk..... ....
                               ....?
20. Zespoły ludowe? Przegląd? Co? ....
                               ....?

Exercise 31

Instructions as in exercise 27.

1. Statek? Przejazd?   Co? ....?
2. Wyspa York? Przejazd?   Co? Przejazd ....?
3. Centrum miasta? Przejazd?   Co? Przejazd ....
   ....?
4. Rzeka? Przejazd?   Przejazd ....
                               jest niemożliwy!
5. Powieść? Przekład?   Co? ....?
6. Język polski? Przekład?   Co? Przekład ....
   .... na japoński?
7. Język japoński? Przekład?   Co? Przekład ....
   .... z polskiego?
8. Pieniądze? Przelew?   Co? ....?
9. Bank? Przelew?   Co? Przelew ....?
10. Samochody? Przewóz?   Co? ....?
11. Warszawa? Przewóz?   Co? Przewóz ....?
12. Narkotyki? Przemyt?   Co? ....?
13. Technika? Przewrót?   Co? Przewrót ....?
14. Człowiek? Przyjaźń?   Co? ....?
15. Wakacje? Przyjazd?   Co? ....?
16. Pociąg? Przyjazd?   Co? ....?
17. Znajomi? Przyjazd?   Co? Przyjazd (.....) ....?
18. Samolot? Przylot?   Co? ....?
19. Paryż? Przylot?   Co? Przylot ....
                               jest opóźniony?
20. Kuba? Przylot?   Co? Przylot ....
                               jest niemożliwy!

Exercise 32

Instructions as in exercise 27.

1. Praca? Przymus?   Co? ....?
2. Dom? Remont?   Co? ....?
3. Książka? Rozdział?   Co? ....?
4. Kapitan? Rozkaz?   Co? ....?
5. Życie? Rozkosz?   Co? ....?
6. Przemysł? Rozkwit?   Co? ....?
7. Narządy? Rozrost?   Co? ....?

8. Dziecko? Rozwój?   Co? .... ?
9. Kołowrotek? Ruch?   Co? .... ?
10. Miejsce? Ruch?   Co? Ruch .... ?
11. Lewo? Skok?   Co? Skok .... ?
12. Woda? Skok?   Co? Skok .... ?
13. Prawo? Skręt?   Co? Skręt .... ?
14. Głowa? Skręt?   Co? .... ?
15. Głowa? Skręt?   Co? Skręt .... prawo?
16. Żywiec? Skup?   Co? .... ?
17. Jezioro? Spacer?   Co? Spacer .... ?
18. Miasto? Spacer?   Co? Spacer .... ?
19. Ludność? Spis?   Co? .... ?
20. Grzesznik? Spowiedź? Co? .... ?

Exercise 33

Instructions as in exercise 27.

1. Władza? Spór?   Co? Spór .... ?
2. Ludność? Sprzeciw?   Co? .... ?
3. Decyzja? Sprzeciw?   Co? Sprzeciw .... ?
4. Zawodnicy? Start?   Co? .... ?
5. Meta? Start?   Co? Start .... ?
6. Liście? Szelest?   Co? .... ?
7. Człowiek? Szept?   Co? .... ?
8. Strumyk? Szum?   Co? .... ?
9. Ptaki? Śpiew?   Co? .... ?
10. Śmierć? Taniec?   Co? .... ?
11. Autobus? Tłok?   Co? Tłok .... ?
12. Trzoda chlewna? Transport? Co? .... ?
13. Kraków? Transport? Co? Transport .... ?
14. Praca? Trud?   Co? .... ?
15. Człowiek? Trud?   Co? .... ?
16. Człowiek? Upór?   Co? .... ?
17. Dziewczyna? Uśmiech? Co? .... ?
18. Zabójca? Wina?   Co? .... ?
19. Studenci? Wyjazd?   Co? .... ?
20. Poznań? Wyjazd?   Co? Wyjazd .... ?

Exercise 34

Instructions as in exercise 27.

1. Wakacje? Wyjazd?   Co? Wyjazd ....?
2. Prezydent? Wypowiedź?   Co? ....?
3. Rzemieślnik? Wyrób?   Co? ....?
4. Drewno? Wyrób?   Co? Wyrób ....?
5. Artysta? Występ?   Co? ....?
6. Armata? Wystrzał?   Co? ....?
7. Działo? Wystrzał?   Co? Wystrzał ....?
8. Śmieci? Wywóz?   Co? ....?
9. Dochód? Wzrost?   Co? ....?
10. Palenie? Zakaz?   Co? ....?
11. Komputery? Zakup?   Co? ....?
12. Sprzedaż? Zamiar?   Co? ....?
13. Pamięć? Zanik?   Co? ....?
14. Nauka? Zapał?   Co? Zapał ....?
15. Zmiany? Zapowiedź?   Co? ....?
16. Człowiek? Zazdrość?   Co? ....?
17. Matka? Żal?   Co? Żal ....?
18. Wyjazd? Żal?   Co? Żal ....?
19. Stracona okazja? Żal?   Co? Żal ....?
20. Grzechy? Żal?   Co? Żal ....?
21. To, co minęło? Żal?   Co? Żal ....?

Exercise 35

Transform sentences (1)-(6) changing verbs into verbal nouns, as in the example.

Example:

W naszej rodzinie **podziwiano** zawsze ludzi, którzy umieli sobie radzić w życiu. Stale się o tym dyskutowało.
→ **Podziw** dla ludzi, którzy umieli sobie radzić w życiu, był stałym tematem dyskusji w naszej rodzinie.

Pieniądze i ubóstwo

(1) W naszej rodzinie zawsze **brakowało** pieniędzy. To, że **brakowało** nam pieniędzy na życie, częstokroć doprowadzało do rodzinnych kłótni i sprzeczek.
(2) Bieda jest przecież trudna do zniesienia, i kiedy zaczyna naprawdę

doskwierać, człowiek **się buntuje**. Normalna reakcja człowieka – powiedziałby ktoś, kto sam przeżył upokorzenia wynikające z ubóstwa.

(3) Dlaczego **podzielono** ludzi na biednych i ludzi bardzo bogatych? – zadałaby to pytanie osoba, która żyje w biedzie czy ubóstwie. – Czy jest to sprawiedliwe, czymkolwiek uzasadnione?

(4) Każdy jest w stanie **odpowiedzieć na** to pytanie, bowiem jest to pytanie proste.

(5) W dyskusji na ten temat nie należy się **spierać** o pieniądze, a raczej przedstawić konkretne argumenty, uzasadniające istnienie ubóstwa i przyczyny jego istnienia. Pieniądze mają tutaj znaczenie jedynie drugorzędne.

(6) Zarówno społeczeństwo, jak i państwo powinny **pomagać** biednym i **walczyć** z ubóstwem. Działania społeczeństwa i państwa nie powinny się ograniczać jedynie do likwidowania skutków, a raczej powinny polegać na zapobieganiu przyczynom.

(1) ....
(2) ....
(3) ....
(4) ....
(5) ....
(6) ....

Exercise 36

Fill in the blanks with verbs, as in the example.

Example:
A: **Bunt** niewolników.
B: Kto im kazał się **buntować**?

A: Dojazd do pracy metrem?
B: Kto wam kazał .... do pracy metrem?
A: Dyżur przez całą noc?
B: Kto mu kazał .... przez całą noc?
A: Import ziemniaków do Chin?
B: Kto im kazał .... ziemniaki do Chin?
A: Lęk przed śmiercią?
B: Kto im każe .... śmierci?
A: Przegląd francuskich gazet?
B: Kto im każe .... francuskie gazety?

A: Pomoc uzależnionym od narkotyków?
B: Kto teraz .... uzależnionym od narkotyków?
A: Przemyt papierosów do Albanii?
B: Kto teraz .... papierosy do Albanii?
A: Skup truskawek we wrześniu?!
B: Kto .... truskawki we wrześniu?
A: Wywóz ikon za granicę?
B: Kto zezwolił .... ikony za granicę?
A: Spacer po trawniku?
B: Kto im pozwolił .... po trawniku?

Exercise 37

Use the present, past and future forms, as in the example.

Example:

Brakuje cukru.	**Zabraknie** nam cukru.	**Zabrakło** nam cukru.
Trzeba kupić cukier.	**Trzeba będzie** kupić cukier.	**Trzeba było** kupić cukier.

1.
Pada deszcz. | Będzie padać deszcz. | Padał deszcz.
Nie sposób wyjść na dwór. | Nie sposób .... | Nie sposób ......

2.
To jest dobry film. | To będzie dobry film. | To był dobry film.
Warto (jest) go obejrzeć. | Warto .... | Warto ....

3.
Jest tutaj idealna cisza. | Będzie zaraz idealna cisza. | Była tutaj idealna cisza.
Można tutaj spać. | Można .... | Można ....

4.
Nie ma zakazu palenia. | Nie będzie tutaj zakazu palenia. | Nie było tutaj zakazu palenia.
Wolno (jest) tutaj palić. | Wolno .... | Wolno ....

5.
Tutaj jest dobra akustyka. | Tutaj będzie dobra akustyka. | Tutaj była dobra akustyka.
Dobrze (jest) słychać tutaj. | Dobrze .... tutaj. | Dobrze .... tutaj.

Exercise 38

Use the present, past and future forms, as in the example.

Example:
informacja: Zjadłem za dużo słodyczy.
predykatyw w zdaniu: **mdlić**
zdania: **Mdli** mnie teraz.
Będzie mnie **mdliło**.
Mdliło mnie cały wieczór.

1.
informacja: Dostałem premię.
predykatyw: **starczać**
zdania: **Starcza** mi pieniędzy.
.... mi .... pieniędzy.
Zawsze .... mi pieniędzy.

2.
informacja: Miałem oszczędności.
predykatyw: **starczyć** (perf.)
zdania: .... mi pieniędzy do końca miesiąca.
Tym razem .... mi pieniędzy do końca miesiąca.

3.
informacja: Słońce chyli się ku zachodowi.
predykatyw: **ściemniać się** (imperf.)
zdania: **Ściemnia się** teraz szybko.
Za tydzień .... jeszcze szybciej.
.... , kiedy zbliżaliśmy się do domu.

4.
informacja: Nie lubię tej pracy.
predykatyw: **należy**
zdania: **Należy** zmienić zawód.
.... zmienić zawód.
.... zmienić zawód.

5.
informacja: Zachowuje się zgodnie z radami rodziców.
predykatyw: **przystoi** (perf.)
zdania: Zawsze zachowuje się jak **przystoi**.
Tym razem również zachował się jak ....
na człowieka o dobrych manierach.

Exercise 39

Use the present tense forms in the conditional mood, as in the example.

Example:
Co trzeba zrobić?
    A: Nie odwiedziliśmy rodziców od miesiąca.
    B: → **Trzeba by** ich odwiedzić.

1. *Co wypada?*
A: Nie odwiedziliśmy rodziców od miesiąca.
.... ich odwiedzić.

2. *Brak kogoś?*
A: Nie możesz teraz wyjechać.
B: .... mi .... ciebie.

3. *Co należy?*
A: Nie mamy już napojów w lodówce.
B: .... kupić napoje.

4. *Co słychać?*
A: Dobrze, że wymieniliśmy ściany w pokoju.
B: Gdybyście nie wymienili ścian, ... rozmowy sąsiadów przez ściany.

5. *Co warto?*
A: Na targu jarzyny są tańsze.
B: .... pojechać na targ po jarzyny.

Exercise 40

Use the non-verbal predicates given below, as in the example.

Non-verbal predicates:
brak, godzien, kontent, pochmurno, wart, winien

Example:
    Wyjechałaś i nie ma już ciebie.
    → **Brak** mi (jest) ciebie i **będzie** mi **brak**.

1. To jest człowiek bez serca i charakteru.
    On .... jest pogardy i będzie ....
2. On ma o sobie wysokie mniemanie.
    Zawsze jest .... z siebie i będzie ....

3. Zobacz, ile chmur na niebie!
   Od tygodnia jest .... i będzie ....
4. To naprawdę dobry człowiek.
   On jest .... przyjaźni i będzie jej ....
5. On okradł sąsiada.
   On jest .... i będzie ....

Exercise 41

Use the nouns with modal function given below, as in the example.

Nouns with modal function:
czas, grzech, pora, strach, szkoda, żal

Example:
   Nie mamy ani chwili do stracenia. Musimy zdążyć na godzinę ósmą.
   → **Czas** już **wracać**.

1. Nie chciałbym się z tobą rozstawać.
   .... **rozstawać** się z tobą.
2. Nie możemy spędzać tyle godzin na niczym.
   .... **marnować** tyle czasu.
3. Wszyscy są głodni.
   .... już **jeść**.
4. Z nim nie dojdziesz do żadnego porozumienia.
   .... **dyskutować** z tym człowiekiem.
5. Za miesiąc mam aż sześć egzaminów.
   .... **pomyśleć**, jak je zdam.
6. Popatrz, jaki biedny człowiek!
   .... **nie pomóc** takiemu nędzarzowi!

Exercise 42

Use the adverbs with modal function in the past tense listed below, as in the example.

Adverbs with modal function:
łatwo, miło, pochmurno, przyjemnie, przykro, trudno

Example:
   I co, rozstałeś się z nią?
   → Rozstałem się, choć **trudno było** się rozstać.

1. I co, zrozumiałeś to?
   Zrozumiałem, choć .... to zrozumieć.

2. I co, wróciłeś już z urlopu?
   Wróciłem, choć tak . . . . nad morzem.
3. I co, powiedziałeś jej to?
   Powiedziałem, choć . . . . jej to powiedzieć.
4. I co, zwolnił pan sekretarkę?
   Zwolniłem, choć . . . . ją zwolnić.
5. Wyszliście wcześniej z przyjęcia?
   Wyszliśmy, choć . . . . na tym przyjęciu.
6. Wychodzicie już?
   Wychodzimy, choć . . . . u was.
7. I co, on nie jest zadowolony?
   Nigdy nie jest zadowolony, choć . . . . mu w życiu.
8. Mówiłeś o tym?
   Nie. Nie mówiłem, gdyż nie . . . . mówić o tym.
9. Byliście na plaży po południu?
   Tak. Poszliśmy na plażę, choć . . . . cały dzień.

Exercise 43

Select proper verbs and prefixes, as in the example.

Note:

1. *Examples in exercises 43-74 and 76 contain imperfective verbs of the primary (basic) aspect pair, e.g. **iść, płynąć, biec, czytać***
2. *If grammatical tense has not been defined, use past tense (masculine) forms.*
3. *In some of the basic verbs, addition of a prefix results in vowel or consonant changes in the verb stem.*
4. *Prefixal verbs are sometimes accompanied by the reflexive pronoun **się**, which is given in brackets next to the verb.*

Verbs:

biec, czytać, gotować, iść, płynąć, sypać

Example:

    Wyznaczyliśmy sobie pewien punkt na jeziorze i musieliśmy tam **dopłynąć**, chociaż brakowało nam tchu w piersiach. Taki był nasz cel.

1. Miałem bardzo ciężką walizkę. Nie mogłem . . . . do postoju taksówek.
   Zatrzymałem się przed postojem.
2. Miałem bardzo ciężką walizkę. Nie mogłem . . . . na peron po schodach, które miały 10 m wysokości.

3. Miałem ciężką walizkę. Nie mogłem .... po schodach z peronu do przejścia podziemnego.
4. Miałem tak ciężką walizkę, że nie mogłem .... z jednej strony ulicy na drugą.
5. Statek przechylał się na bok. Ledwie .... do brzegu.
6. Zmęczony pływaniem, ledwie (*on*) .... do brzegu.
7. Zawodnik poczuł ból w lewej nodze. Z trudem .... do mety.
8. Jest jeszcze dużo miejsca w tej torbie. Czy mogłaby pani .... jeszcze trochę piasku?
9. Ta książka jest tak nudna, że nie mogłem jej .... do końca.
10. Nie mogę teraz wyjść. Najpierw muszę .... ziemniaki, które są na kuchence. Jeszcze są twarde.

Exercise 44

Instructions as in exercise 43.

Verbs:

czekać (się), dzwonić (się), liczyć (się), myć, myśleć (się), pełnić, pisać, prać, solić, spać

1. Z trudem (ja) ...., ilu mam w klasie uczniów, bowiem ciągle biegali po klasie.
2. Ciągle budził mnie telefon. Nie mogłem spokojnie .... do rana.
3. Ta zupa nie jest dostatecznie słona. Czy mógłbyś .... tę zupę?
4. Ten tekst jest prawie dobry. Należy na końcu .... jedno zdanie, które podsumuje całość.
5. Był tak zmęczony pracą, że nie mógł .... obowiązków wynikających z umowy o pracę.
6. Czekałam na dyrektora dwie godziny i nie .... na niego. Dyrektor w ogóle nie przyszedł.
7. Cały czas linia telefoniczna była zajęta. Nie mogłem .... do was.
8. Nie powiedział tego bezpośrednio, ale mogłaś ...., co chciał powiedzieć.
9. Spodnie były tak poplamione, że nie mogłem ich .... Po każdym praniu zostawały ciemne plamy.
10. Miałem tak brudne ręce, że nie mogłem ich ....

Exercise 45

Instructions as in exercise 43.

Verbs:
czołgać się, gonić, jadać, lecieć, liczyć, pchać, robić, rzucać, słuchać, śpiewać

1. Najlepszy kolarz jechał tak szybko, że nikt z peletonu nie mógł go ....
2. Jeśli masz przy sobie klucz do mieszkania, możemy .... drugi.
3. Ranny żołnierz pod obstrzałem artylerii nie mógł .... do okopów.
4. Nie lubiła, kiedy zostawały resztki z obiadu. Krzątała się po kuchni i .... to, co zostało.
5. Samolot punktualnie .... do lotniska, mimo trudnych warunków atmosferycznych.
6. Chłopiec .... do trzydziestu jednym tchem i był z tego bardzo dumny.
7. Wózek był tak ciężki, że z olbrzymim trudem (*my*) .... go do końca drogi.
8. Wykład był tak nudny, że studenci z trudem .... go do końca.
9. Matka nie .... kołysanki do końca, bo dziecko zasnęło.
10. Siedział przed ogniskiem i co chwilę .... po kawałku drewna, aby podtrzymać ogień.

Exercise 46

Instructions as in exercise 43.

Verbs:
czytać (się), kleić, kupić, lać, mydlić, piec, podróżować (się), robić (się), siedzieć (się), smarować

1. Ten znaczek należy .... w miejscu do tego przeznaczonym.
2. Dostał premię i .... dzieciom słodyczy, owoców i zabawek.
3. Ojciec .... do kieliszków wina i wzniósł toast za zdrowie wszystkich gości.
4. Najpierw .... plecy, a potem spłukałem je zimną wodą.
5. Przed świętami matka .... ciastek i mięsa.

6. Bolała go ręka, więc .... ją maścią, którą reklamowano w telewizji.
7. Miał dużo pieniędzy i czasu, a więc mógł .... wiele po świecie.
8. Rolnik .... w polu i wracał do domu zmęczony.
9. W młodości Janek .... kryminałów, i dlatego teraz ich nie lubi czytać.
10. Potrzebuję trochę ruchu. Dosyć .... na tej konferencji.

Exercise 47

Instructions as in exercise 43.

Verbs:

grać, grodzić, iść, jechać, jeść/jadać (się), kleić, lać, łamać, płynąć, padać/paść; dk

1. Przed kampanią wyborczą władze gminy .... afiszami całe miasto.
2. Podczas wizyty prezydenta władze miasta .... rynek metalowymi barierkami.
3. Podczas pobytu w Polsce (*ja*) .... wszystkie ważniejsze miejsca w tym kraju.
4. Tę malutką wyspę można .... kajakiem w ciągu kilkunastu minut.
5. Ponieważ klucze wypadły mi przez okno, musiałem .... cały blok, aby je znaleźć.
6. Była już jesień. Już wszystkie liście .... z drzew.
7. Chociaż lekarz zabronił jej jeść słodycze, ona znowu .... się słodyczami i ciastkami.
8. Graliśmy w karty i kolega .... mnie do ostatniego grosza.
9. Konary drzewa były tak duże, że musieliśmy je .... od strony okna.
10. Sałatka była bez smaku, a więc (*ja*) .... ją majonezem.

Exercise 48

Instructions as in exercise 43.

Verbs:
bić, biec, całować, darować, lecieć, mówić, płakać, pisać, pracować, rabować

1. Za każdym razem dawał mi drobne prezenty. Tym razem .... mnie jak królową.
2. Śmierć ukochanej osoby (*on*) .... w dwójnasób. Łzom i opowieściom nie było końca.
3. Sąsiadka .... znajomą przed jej koleżanką.
4. Po powrocie z wycieczki musieliśmy .... ze szczegółami to, co zobaczyliśmy.
5. Przed podjęciem ważnej decyzji, musieliśmy precyzyjnie .... każdy szczegół, łącznie ze zrobieniem wykresów.
6. Za udzieloną pomoc żebrak .... ze wszystkich stron ręce swojego dobroczyńcy.
7. Zawodnicy przed rozpoczęciem meczu .... całe boisko.
8. Stary fotel należy .... nowym materiałem.
9. Bocian .... całe pole i usiadł na najwyższym drzewie.
10. Wczoraj złodzieje .... bank w nocy.

Exercise 49

Instructions as in exercise 43.

Verbs:
budować, czekać, iść, jechać, kręcić, łamać (się), pisać, prowadzić, siedzieć, spać

1. Gdzie jest autobus? Nie ma go tutaj. Już .... stąd.
2. Nie możesz .... teraz od dziecka, bo jest bardzo chore. Zostań z nim jeszcze chwilę.
3. Od góry lodowej .... kawał lodu i płynął w niewiadomym kierunku.
4. Nie mogę .... tej śruby, a chciałem wymienić koło samochodu.
5. Student nie przygotował się do egzaminu i .... wszystko od swojego kolegi.
6. Nie spałem od przedwczoraj. Dzisiaj muszę .... dwie zaległe noce.

7. Po katastrofie władze miasta musiały .... zniszczone drogi i budynki.
8. Nie pozwolono mu śpiewać, więc przestał śpiewać. .... pięć minut i znowu zaczął śpiewać.
9. Wyszedł z więzienia pod dwóch latach............................. dwuletni wyrok sądu.
10. Musisz .... mnie dziś wieczorem na dworzec, bo boję się iść sama.

Exercise 50

Instructions as in exercise 43.

Verbs:

czytać, lukrować, mdleć, miąć, odmrażać, odsuwać, pracować, przebierać (się), siedzieć, siwieć

1. Wczoraj (*my*) .... z dziećmi trochę w parku na ławce, a potem pojechaliśmy nad rzekę.
2. Byłem zmęczony, więc .... nad projektem chwilę i zasnąłem.
3. Nie przeszkadzaj mi! .... sobie trochę, a potem zajmę się tobą.
4. Mój syn ma dopiero trzydzieści lat, a już mu .... włosy.
5. Podczas silnych mrozów dzieci .... sobie wszystkie palce i nosy.
6. Goście .... wszystkie krzesła i zaczęli tańczyć.
7. Musisz .... wszystkie pączki, a wtedy będą smaczniejsze.
8. Ludzie .... z gorąca i zaduchu w ciągu niespełna godziny.
9. Janek .... wszystkie listy i wrzucił je do kosza na śmieci.
10. Dzieci .... w piżamy i poszły spać.

Exercise 51

Instructions as in exercise 43.

Verbs:

biec, jechać/jeździć, kraść (się), płynąć, pisać, prowadzić, robić, rumienić, słuchać, skoczyć

1. Dyrektor .... wszystkie pisma i decyzje, które przygotowała mu sekretarka.

2. Nieznajomy .... nas w kierunku centrum miasta i dlatego nie zabłądziliśmy w obcym mieście.
3. Kiedy dowiedział się, że zdał trudny egzamin, ... z radości.
4. Ratownik .... do brzegu wraz z tonącym dzieckiem.
5. Znany przemytnik .... paszport i wyjechał za granicę z fałszywym paszportem.
6. (*on*) .... rozmowy prowadzone przy drzwiach zamkniętych i przekazał informacje prasie.
7. To mięso jest bardzo delikatne. Należy je tylko .... Potem można je zjeść.
8. Pociąg w końcu .... pod wysoką górę.
9. Ktoś .... do mnie szybko i wyciągnął mi portfel z kieszeni.
10. Złodziej szybko .... i wyciągnął turyście portfel z kieszeni.

Exercise 52

Instructions as in exercise 43.

Verbs:

badać, bić, biec, jechać, lać, nieść, pić/pijać, pisać, siedzieć, spać, żyć

1. Był tak wykończony, że .... jedynie 2 metry i upadł.
2. Nie ruszył się z miejsca. Całą wojnę .... w okupowanej Warszawie.
3. W tej butelce mleko szybko się zepsuje. Proszę .... je do drugiej butelki.
4. Ta walizka przeszkadzała mi tutaj, więc .... ją do przedpokoju.
5. Prawie całe życie (*on*) .... w więzieniu.
6. (*ja*) .... samochodem przez całą okolicę i nie spotkałem żywej duszy.
7. Stanąłem na gwóźdź i .... sobie nogę.
8. W tym tekście jest dużo błędów. Musi go pani .... jeszcze raz.
9. Chciałem obejrzeć film w telewizji, ale go .... Obudziłem się po filmie.
10. Ojciec był alkoholikiem. Zawsze .... wszystkie pieniądze, które zarobił.

11. Ponieważ zarejestrowano pierwsze objawy epidemii, służba zdrowia .... wszystkich uczestników obozu.

Exercise 53

Instructions as in exercise 43.

Verbs:

biec/biegać, chorować, cierpieć, czekać, drukować, drzemać, fruwać/frunąć; dk, kwitnąć, lać, myśleć

1. Nic nie załatwiłem dzisiaj w mieście, chociaż .... całe miasto wzdłuż i wszerz.
2. Nigdzie nie byłem podczas urlopu. .... cały urlop i nie wyleczyłem się z przeziębienia.
3. Ta kobieta wiele .... w życiu: śmierć dzieci, śmierć męża, wojnę.
4. Nie mogę wyjść podczas deszczu. Muszę .... tę ulewę.
5. Wszystkie gazety .... artykuł opublikowany wcześniej w *New York Timesie*.
6. Nie wyspałem się dzisiaj. .... cały dzień w fotelu, bo nie mogłem zasnąć.
7. Ptaki .... małą wyspę na jeziorze i znikły za horyzontem.
8. Skończył się sezon na róże i wszystkie róże już ....
9. Czy możesz .... to mleko z garnka do szklanki?
10. Po ostatniej rozmowie z mężem, (*ona*) .... wszystko od początku do końca.

Exercise 54

Instructions as in exercise 43.

Verbs:

biec/biegać, budować, dźwigać, jechać, kleić, klękać/klęknąć; dk, maszerować, palić, pudrować, szyć

1. Wreszcie (*ty*; masc.) .... wszystkie guziki do koszuli!
2. W sobotę .... do nas znajomi z Poznania.
3. Kiedy paliłem papierosa, ... sobie kołnierz koszuli.
4. Musisz .... ten znaczek dobrym klejem, aby się nie odklejał.

5. Jako pierwszy . . . . do mety czarnoskóry zawodnik.
6. Mieli dość duży teren budowlany przy domu, a więc . . . . pomieszczenia gospodarskie.
7. Z trudem (*my*) . . . . ciężkie walizki do tego miejsca.
8. Nie było miejsca w kościele, więc (*ja*) . . . . tylko na jedno kolano.
9. Zmęczeni harcerze . . . . do obozu późnym wieczorem.
10. Była spocona i blada, a więc . . . . delikatnie twarz i dekolt.

Exercise 55

Instructions as in exercise 43.

Verbs:

bić, budować, iść (się), kupować/kupić; dk, *kwitnąć, lać (się), ładować, nosić/nieść (się), pić (się), rwać*

1. Po przedstawieniu widzowie . . . . do domów.
2. Wieść o zmianie prezydenta . . . . szybko po całym kraju.
3. Przewróciłem flakon z wodą i woda . . . . po całym obrusie.
4. Zdenerwowani demonstranci . . . . flagę państwową na drobne kawałki.
5. Machnął nogą i . . . . szybę w szklanych drzwiach.
6. Było mało miejsca dla tak dużej rodziny, a więc ojciec postanowił . . . . dom.
7. Robotnicy musieli . . . . samochód z towarem przed godziną ósmą rano.
8. Tytuł książki był tak interesujący, że czytelnicy . . . . bardzo szybko cały nakład.
9. Z początkiem wiosny . . . . wszystkie kwiaty w ogrodzie.
10. Pił coraz więcej. W końcu . . . . na dobre.

Exercise 56

Instructions as in exercise 43.

Verbs:

dzwonić (się), gryźć, grzać (się), lać (się), moczyć, pisać (się), rosnąć (się), smarować, trzeć, tyć (się)

1. Miałem napisać tylko kilka słów, a . . . . na dobre. Ten list ma już 4 strony.

2. To był bardzo twardy orzech. Z trudem mogłem go . . . .
3. Zwykle telefon dzwonił kilka razy dziennie. Dziś . . . .
wszyscy. To już dwudziesty telefon!
4. Bolały mnie plecy. Musiałem je . . . .
Poprosiłem o to mojego masażystę.
5. Zmarzliśmy okropnie. Chcieliśmy . . . .
w najbliższym hotelu.
6. Jutro robię pranie brudnej bielizny. Najpierw jednak muszę ją . . . . . .
. . . .
7. Wylany atrament . . . . po całej książce.
8. Drzewa tak . . . . w ogrodzie, że nie było już więcej miejsca.
9. Masło było tak twarde, że nie mogłem go . . . .
na kromce chleba.
10. Prowadziła siedzący tryb życia i . . . .
z braku ruchu. Była gruba jak beczka.

Exercise 57

Instructions as in exercise 43.

Verbs:
bawić (się), biec, błagać, deptać, patrzyć, pić, ratować, siedzieć, tonąć, zbierać

1. Nie mogła . . . . ani chwili bez ruchu.
Bez przerwy robiła coś w kuchni.
2. Oni byli tak śmieszni, że naprawdę (*my*) . . . .
szczerze podczas tej wizyty.
3. Piana wylewała się z kufla piwa. Musiałem . . . .
trochę piwa.
4. Ziemia pod kwiaty była zbyt miękka, musiałem ją . . . .
nogami.
5. Przedmiot był tak ciężki, iż szybko . . . . w wodzie.
6. Zawodnik . . . . jedynie kilka metrów i się zatrzymał.
7. Długo błagał profesora i nie mógł go . . . .
o powtórny egzamin.
8. Moja żona . . . . sobie nowy kapelusz i musiałem go bezwzględnie kupić.
9. Ten człowiek . . . . mnie od śmierci.
Jemu właśnie zawdzięczam życie.
10. Przez całe życie zbierał znaczki i . . . .
zupełnie niezłą kolekcję.

Exercise 58

Instructions as in exercise 43.

Verbs:

czytać (się), iść, jechać, lać, liczyć, montować, mówić, pisać (się), prowadzić, siadać

1. Artyści . . . . na scenę i zaczęli przedstawienie.
2. Samochód . . . . na szczyt góry i tam się zatrzymał.
3. Miałem ochotę na herbatę z sokiem, więc . . . . trochę soku do herbaty.
4. Starsza kobieta . . . . do autobusu i usiadła na wolnym miejscu.
5. Strażnik . . . . oskarżonego do celi, która została dla niego przeznaczona.
6. Zaproszeni goście . . . . do księgi pamiątkowej.
7. Właściciel kamienicy . . . . podatek w cenę budynku wystawionego na sprzedaż.
8. Tak bardzo (*on*) . . . . w artykuł, że wysiadł dwa przystanki dalej.
9. Ojciec . . . . nowe radio do samochodu.
10. Koledzy . . . . mu, że jest winien i nakłonili go do podpisania zarzutów.

Exercise 59

Instructions as in exercise 43.

Verbs:

ciągnąć, czytać, gasić, iść, jechać, lizać, malować, rwać, sypać, szeptać

1. Zdenerwowana kobieta . . . . z biura i nie powiedziała nawet do widzenia.
2. Wszyscy studenci . . . . na ferie i nikogo nie było w akademiku.
3. W ogrodzie było dużo chwastów, więc (*ja*) . . . . je z korzeniami.
4. Spod szafy (*ja*) . . . . stertę starych gazet.
5. Na wiosnę (*oni*) . . . . cały dom na biało.
6. Przewrócił słoik z mąką i . . . . całą zawartość na podłogę.
7. Umierający . . . . ostatnie słowo do członków rodziny.

8. Właściciel .... wszystkie światła i zamknął kamienicę.
9. Kot .... dokładnie talerz, na którym był smakowity pokarm dla kotów.
10. Wczoraj (ja)........................ w gazecie, że od jutra wprowadzają w życie kolejne podwyżki.

Exercise 60

Instructions as in exercise 43.

Verbs:

kręcić, lądować, lecieć, leżeć, meldować (się), montować, pakować, pisać (się), płynąć, recytować

1. Miałem trzy długopisy, i wszystkie już .... Muszę kupić nowe.
2. Ta żarówka zepsuła się. Trzeba ją .... i wymienić na nową.
3. Samolot mimo awarii jednego z układów sterowniczych .... szczęśliwie.
4. Kanarek .... z otwartej klatki.
5. Leżał tak długo, że już nie mógł .... w łóżku.
6. Kupiłem nowe mieszkanie i musiałem .... ze starego.
7. Radio w samochodzie było zepsute, musiałem je .... i oddać do naprawy.
8. Zakupy są w torbach. Musisz je .... i włożyć do lodówki.
9. Statek .... z portu 20 minut temu.
10. Był dobry z historii. Bez zastanowienia .... z pamięci imiona wszystkich królów polskich.

Exercise 61

Instructions as in exercise 43.

Verbs:

iść/chodzić, chwytać, czernieć, filmować, kompletować, kręcić, kropić, płynąć, topnieć, truć (się)

1. Dopiero kiedy śnieg stopniał, z dachów .... woda.
2. Staruszka z trudem .... po schodach i szła w kierunku ogródka.
3. Śnieg już całkowicie .... pod wpływem wysokiej temperatury.

91

4. Zjadł grzyby i .... tymi trującymi grzybami.
5. Bielizna była już bardzo sucha. Musiała ją .... przed prasowaniem, aby ją dobrze wyprasować
6. Za pierwszym skrzyżowaniem musi pan .... w prawo i dojedzie pan do centrum.
7. Nigdy nie mogliśmy .... drużyny do gry w piłkę nożną. Zawsze nam kogoś brakowało.
8. Przed nami był piękny pejzaż. Chciałem go .... moją nową kamerą.
9. Chmury najpierw miały fioletowy kolor, później .... całkowicie. Zanosiło się na burzę.
10. Nie mogłem .... małego kota, ponieważ był bardzo bojaźliwy.

Exercise 62

Instructions as in exercise 43.

Verbs:
bić, grać, iść, jechać, jeździć, kompletować, legalizować, maskować, montować, rwać

1. Turysta .... pieszo ze szczytu wielkiej góry i odpoczywał u podnóża masywu górskiego.
2. Miałem kilka desek i kilka gwoździ. .... ładną skrzynię na ubrania w bardzo krótkim czasie.
3. Odejście jednego z zawodników całkowicie .... naszą drużynę piłkarską.
4. Władze miasta .... działalność organizacji profaszystowskiej.
5. Wreszcie ktoś .... kłamstwa dyrektora przedsiębiorstwa, w które wszyscy wcześniej wierzyli.
6. Po zakończonym spektaklu technicy .... aparaturę na scenie.
7. Wieczorem dziecko .... bandaż z gojącej się ręki, bo został nieprawidłowo założony.
8. Miałem trzy miesiące wakacji i dzięki temu .... kraj wzdłuż i wszerz moim samochodem.
9. Przed ważnym koncertem muzycy musieli .... skrzypce z altówką i fletem.
10. Tym razem w swym popisowym numerze cyrkowym artysta .... po linie z szybkością błyskawicy.

Exercise 63

Instructions as in exercise 43.

Verbs:

chorować, gotować, jechać, klaskać, lać, nieść, nudzić, pisać, płakać, siadać/ siąść; dk

1. Powinnaś dzisiaj .... bieliznę do pralni, bo cały miesiąc ja to robiłem.
2. Dwa dni temu ojciec .... na grypę.
3. Wspaniała karoca .... przed pałac królewski.
4. W sali koncertowej panowała idealna cisza. Nagle ktoś ...., mimo że pianista wciąż grał.
5. W sąsiednim pokoju nagle .... jakieś dziecko. Pewnie się przed chwilą przebudziło.
6. Za stołem prezydialnym .... prawie wszyscy czołowi przedstawiciele miasta. Brakowało tylko radcy Machaczka.
7. Były silne opady deszczu i woda .... dolinę. Władze miasta ewakuowały mieszkańców.
8. Po utracie ukochanej .... cały zeszyt listami miłosnymi, których nikt nie czytał.
9. Żeby zrobić herbatę, musisz najpierw .... wodę.
10. Profesor miał tak nieciekawy wykład, że .... wszystkich na śmierć.

Exercise 64

Instructions as in exercise 43.

Verbs:

grodzić, improwizować, malować, meldować (się), montować, pakować, płacić, parkować, prasować, wracać/wrócić; dk

1. Proszę mi .... te spodnie w plastikową torbę.
2. Musimy .... białą farbą wszystkie wulgarne napisy, które są na ścianach.
3. Trzeba .... płotem ten plac, ponieważ jest tam niebezpieczny wykop.
4. Nikt nie znał melodii do tekstu. Muzyk .... kilka taktów i wszyscy zaczęli śpiewać.
5. Musi pan .... tutaj na pobyt czasowy.
6. W tym samochodzie nie ma jeszcze silnika. Musimy go ....

7. Zgubiliśmy się na trasie. Musimy .... i wjechać na właściwą drogę.
8. Nie możemy nigdzie .... samochodu. Wszędzie setki samochodów!
9. Chcę .... za ciebie ten rachunek, ponieważ to ja zaprosiłem cię na obiad.
10. Nigdy nie udało mi się .... właściwie kantów w spodniach.

Exercise 65

Select proper prefixes and verbs for each of the ten sentences below, as in the example.

Note:
If grammatical tense has not been defined, use past tense (masculine) forms..

Verbs:
biec, czytać, gotować, iść, płynąć, sypać, czekać (się), dzwonić, liczyć (się), myć, myśleć, pełnić, pisać, prać, solić, spać

Example:
Wszelkie dane masz już na dyskietce.
Po zainstalowaniu nowego programu **wczytałem** wszystko, co chciałeś.

1. Miałem bardzo ciężką walizkę. Nie mogłem .... do postoju taksówek, który był oddalony od dworca o 300 metrów.
2. Miałem bardzo ciężką walizkę. Nie mogłem .... po wysokich schodach do przejścia podziemnego.
3. Miałem ciężką walizkę. Nie mogłem .... po schodach z parteru na czwarte piętro.
4. Miałem tak ciężką walizkę, że nie mogłem .... z trzeciego piętra na parter.
5. Z trudem (*ja*) ...., ilu mam w klasie uczniów, bowiem ciągle biegali po klasie.
6. Ciągle budził mnie telefon. Nie mogłem spokojnie .... do rana.
7. Ta zupa nie jest dostatecznie słona. Czy mógłbyś .... tę zupę?
8. Ten tekst jest prawie dobry. Należy na końcu .... jedno zdanie, które podsumuje całość.
9. Był tak zmęczony pracą, że nie mógł .... obowiązków wynikających z umowy o pracę.

10. Czekałam na dyrektora dwie godziny i nie .... na niego. Dyrektor w ogóle nie przyszedł.

Exercise 66

Instructions as in exercise 65.

Verbs:

czołgać się, gonić, jeść/jadać, lecieć, liczyć (się), pchać, robić, rzucać, słuchać, śpiewać, czytać, kleić, kupić, lać, mydlić, nieść, piec, podróżować, robić, siedzieć, smarować

1. Najlepszy kolarz jechał tak szybko, że nikt z peletonu nie mógł go ....
2. Jeśli masz przy sobie klucz do mieszkania, możemy .... drugi.
3. Ranny żołnierz nie mógł .... do okopów.
4. Nie lubiła, kiedy zostawały resztki z obiadu. Krzątała się po kuchni i .... to, co zostało.
5. Samolot punktualnie .... do lotniska.
6. Chłopiec .... do trzydziestu jednym tchem i był z tego bardzo dumny.
7. Wózek był tak ciężki, że z olbrzymim trudem (*my*) .... go do końca drogi.
8. Wykład był tak nudny, że studenci z trudem .... do końca.
9. Ten znaczek należy .... w miejscu do tego przeznaczonym.
10. Dostał premię i .... dzieciom słodyczy, owoców i zabawek.

Exercise 67

Instructions as in exercise 65.

Verbs:

grać, grodzić, iść, jechać, jeść, kleić, lać, łamać, płynąć, padać, bić, biec, całować, darować, lecieć, mówić, płakać, pisać, pracować, rabować

1. Przed kampanią wyborczą władze miasta .... afiszami całe miasto.
2. Podczas wizyty prezydenta władze miasta .... rynek metalowymi barierkami.

3. Podczas pobytu w Polsce (*ja*) .... wszystkie ważniejsze miejsca w tym kraju.
4. Tę malutką wyspę można .... w ciągu kilkunastu minut.
5. Ponieważ klucze wypadły mi przez okno, musiałem .... cały blok, aby je znaleźć.
6. Za każdym razem dawał mi drobne prezenty. Tym razem .... mnie jak królową.
7. Śmierć ukochanej osoby (*on*) .... w dwójnasób.
8. Sąsiadka .... znajomą, ponieważ jej nie lubiła.
9. Po powrocie z wycieczki musieliśmy .... ze szczegółami to, co zobaczyliśmy.
10. Przed podjęciem ważnej decyzji musieliśmy precyzyjnie .... każdy szczegół.

Exercise 68

Instructions as in exercise 65.

Verbs:
budować, czekać, iść, jechać, kręcić, łamać (się), pisać, prowadzić, siedzieć, spać, czytać, dosuwać, lukrować, mdleć, miąć, odmrażać, pracować, przebierać się, siwieć

1. Gdzie jest autobus? Nie ma go tutaj. Już .... stąd.
2. Nie możesz .... teraz od dziecka, bo jest bardzo chore. Musisz zostać jeszcze chwilę.
3. Od góry lodowej .... kawał lodu i płynął w niewiadomym kierunku.
4. Nie mogę .... tej śruby, a chciałem wymienić koło samochodu.
5. Student nie przygotował się do egzaminu i .... wszystko od swojego kolegi.
6. Nie spałem dwie doby. Dzisiaj muszę .... dwie zaległe noce.
7. Wczoraj (*my*) .... trochę w parku, a potem pojechaliśmy nad rzekę.
8. Byłem zmęczony, więc .... chwilę i zasnąłem.
9. Nie przeszkadzaj mi! .... sobie trochę, a potem zajmę się tobą.
10. Mój syn ma dopiero trzydzieści lat, a już mu .... włosy.

Exercise 69

Instructions as in exercise 65.

Verbs:

biec, biegać, jechać, kraść, płynąć, pisać, prowadzić, robić, rumienić, słuchać, skoczyć, badać, bić, lać, nieść, pić, siedzieć, spać, żyć

1. Dyrektor .... wszystkie pisma, które przygotowała mu sekretarka.
2. Nieznajomy .... nas w kierunku centrum miasta i dlatego nie błądziliśmy.
3. Kiedy dowiedział się, że zdał trudny egzamin, ... z radości.
4. Ratownik .... do brzegu wraz z tonącym dzieckiem.
5. Znany przemytnik .... paszport i wyjechał za granicę.
6. (*on*) .... rozmowę prowadzoną przy drzwiach zamkniętych i przekazał informacje prasie.
7. (*ja*) .... przez całą okolicę i nie spotkałem żywej duszy.
8. Stanąłem na gwóźdź i .... sobie nogę.
9. W tym tekście jest dużo błędów. Musi pani go .... jeszcze raz.
10. Była epidemia grypy. Lekarz dyżurny musiał .... dziesiątki chorych, oczekujących na swoją kolejkę w poczekalni.

Exercise 70

Instructions as in exercise 65.

Verbs:

biegać, chorować, cierpieć, czekać, drukować, drzemać, fruwać/frunąć; dk, kwitnąć, lać, myśleć, biec, budować, dźwigać, jechać, kleić, klękać/klęknąć; dk, maszerować, palić, pudrować, szyć

1. Wreszcie (*ty*) .... wszystkie guziki do koszuli!
2. Nigdzie nie byłem podczas urlopu. .... cały urlop i nie wyleczyłem się z przeziębienia.
3. Ta kobieta wiele .... w życiu: śmierć dzieci, śmierć męża, wojnę.
4. Nie mogę wyjść podczas deszczu. Muszę .... tę ulewę.
5. Wszystkie gazety .... artykuł opublikowany w *New York Timesie*.
6. Mieli dość duży plac przy domu, a więc .... pomieszczenia gospodarcze.

7. Z trudem (*my*) .... do domu ciężkie walizki.
8. Nie było miejsca w kościele, więc (*ja*) ....
tylko na jedno kolano.
9. Harcerze .... do obozu późnym wieczorem.
10. Była spocona i blada, a więc ....
lekko twarz.

Exercise 71

Instructions as in exercise 65.

Verbs:

bić, budować, iść (się), kupić, kwitnąć, lać (się), ładować, nieść (się), pić, rwać, dzwonić, gryźć, grzać się, moczyć, płynąć (się), pisać, rosnąć (się), smarować, trzeć, tyć

1. Po przedstawieniu widzowie .... do domów.
2. Wieść o zmianie prezydenta .... szybko po całym kraju.
3. Przewróciłem flakon z wodą i woda .... po całym obrusie.
4. Zdenerwowani demonstranci .... flagę państwową na drobne kawałki.
5. Machał nogą i .... szybę w szklanych drzwiach.
6. Moczyliśmy fasolę kilkanaście godzin i nie mogliśmy jej ....
7. Wylany atrament .... po całej książce.
8. Drzewa tak .... w ogrodzie, że nie było już więcej miejsca.
9. Masło było tak twarde, że nie mogłem go .... na kromce chleba.
10. Prowadziła siedzący tryb życia i .... z braku ruchu.

Exercise 72

Instructions as in exercise 65.

Verbs:

błagać, bawić (się), biec, deptać, patrzyć, pić, ratować, siedzieć, tonąć, zbierać, czytać (się), iść, jechać, lać, liczyć, montować, mówić, pisać (się), prowadzić, siadać (się)

1. Nie mogła .... ani chwili, bez przerwy robiła coś w kuchni.

2. Oni byli tak śmieszni, że naprawdę (*my*) .... szczerze podczas tej wizyty.
3. Piana wylewała się z kufla. Musiałem .... trochę piwa.
4. Ziemia pod kwiaty była tak miękka, że musiałem ją ....
5. Przedmiot był tak ciężki, iż szybko .... w wodzie.
6. Zaproszeni goście .... do księgi pamiątkowej.
7. Właściciel kamienicy .... podatek w cenę mieszkania wystawionego na sprzedaż.
8. Tak bardzo (*on*) .... w artykuł, że wysiadł dwa przystanki dalej.
9. Ojciec .... nowe radio do samochodu.
10. Koledzy .... mu, że jest winien.

Exercise 73

Instructions as in exercise 65.

Verbs:

ciągnąć, czytać, gasić, iść, jechać, lizać, malować, rwać, sypać, szeptać, kręcić, lądować, leżeć, lecieć, meldować (się), montować, pakować, pisać, płynąć, recytować

1. Zdenerwowana kobieta .... z biura i nie powiedziała nawet do widzenia.
2. Wszyscy studenci .... na ferie i nikogo nie było w miasteczku studenckim.
3. W ogrodzie było dużo chwastów, więc (*ja*) .... je z korzeniami.
4. Spod szafy (*ja*) .... stertę starych gazet.
5. Na wiosnę (*oni*) .... cały dom na biało.
6. Przewrócił słoik z mąką i .... całą zawartość na podłogę.
7. Radio w samochodzie było zepsute, musiałem je .... i oddać do naprawy.
8. Zakupy są w torbach. Musisz je .... i włożyć do lodówki.
9. Statek .... z portu 20 minut temu.
10. Był dobry z historii. Bez zastanowienia .... imiona wszystkich królów polskich.

Exercise 74

Instructions as in exercise 65.

Verbs:
chodzić, chwytać, czernieć, filmować, kompletować, kręcić, kropić, płynąć, topnieć, truć (się), bić, grać, iść, jechać, jeździć, kompletować, legalizować, maskować, montować, rwać

1. Dopiero kiedy śnieg stopniał, z dachów .... woda.
2. Staruszka z trudem .... po schodach. Zmęczona usiadła obok poręczy.
3. Po dwóch dniach słonecznej pogody śnieg już całkowicie ....
4. Zjadł grzyby i .... tymi trującymi grzybami.
5. Bielizna była już bardzo sucha. Musiała ją .... przed prasowaniem.
6. Po zakończonym spektaklu technicy .... aparaturę i opuścili miejsce spektaklu.
7. Wieczorem dziecko .... bandaż z gojącej się ręki. Bandaż leżał na podłodze.
8. Miałem trzy miesiące wakacji i dzięki temu .... kraj wzdłuż i wszerz.
9. Przed ważnym koncertem muzycy musieli .... skrzypce z altówką i fletem.
10. W swym popisowym numerze cyrkowym artysta .... po linie z szybkością błyskawicy.

Exercise 75

On the basis of text A, fill in the blanks in text B with proper verb forms according to the context.

A.

Zabawiał wszystkich gości. Rozśmieszał nawet tych, którzy nigdy się nie śmiali. Kiedy wbiegał do salonu, wszyscy byli przygotowani na znakomitą zabawę. Po wejściu zbierał wszystkie niepotrzebne rzeczy i układał je w małą piramidę. Zabraniał zbliżać się komukolwiek do tej piramidy. Ten zakaz pobudzał wyobraźnię wszystkich obecnych. Wszyscy odczekiwali na odpowiedni moment. On wyczytywał w ich oczach duże zainteresowanie tym, co ma nastąpić.

Każdemu z widzów przydzielał jeden balonik, który trzeba było nadmuchać. On w tym czasie podchodził do każdego i dotykał delikatnie palcem naciągającą się gumę. Odkrywał powoli swe zamiary. Podliczał w pamięci wypełnione powietrzem baloniki. Omijał tych, którzy wypełnili swe baloniki powietrzem, a zatrzymywał się przy tych, którzy wciąż dmuchali w mały otwór gumowej kuli. Namawiał ich do szybszej pracy. W tym czasie wymyślał kolejną historię dla zainteresowanych jego grą. Zdecydował, że wypełnione powietrzem baloniki powinny unosić się teraz w powietrzu. Podchodził do każdego widza zajętego nadmuchiwaniem balonika i podpalał je delikatnym płomieniem. Baloniki rzeczywiście zaczęły się unosić w powietrzu. Wszyscy z zainteresowaniem przypatrywali się tej dziwnej operacji. Pokazywali palcami na kolejny balonik, który unosił się nad ich głowami. Któż z nich przypuszczał, że tak dziecinna zabawa może być interesująca?

W salonie dostawiano nowe krzesła. Kolejni widzowie i amatorzy zabawy zajmowali swoje miejsca. Każdy z nich miał w ręku niewypełniony jeszcze powietrzem gumowy balonik. Zabawa trwała.

B.

Zabawiał wszystkich gości. Po raz pierwszy . . . . (zabawić się) się nieźle nawet ci, którzy nigdy się nie śmiali. Kiedy . . . . (wbiec) do salonu, wszyscy byli przygotowani na znakomitą zabawę. Po wejściu . . . . (zebrać) wszystkie niepotrzebne rzeczy i . . . . (ułożyć) je w małą piramidę. . . . . (Zabronić) zbliżyć się komukolwiek do tej piramidy. Ten zakaz . . . . (pobudzić) wyobraźnię wszystkich obecnych. Wszyscy . . . . (odczekać) na odpowiedni moment. On . . . . (wyczytać) w ich oczach duże zainteresowanie tym, co miało nastąpić.

Każdemu z widzów . . . . (przydzielić) jeden balonik, który trzeba było nadmuchać. On w tym czasie . . . . (podejść) do każdego i . . . . (dotknąć) delikatnie palcem naciągającą się gumę. . . . . (Odkryć) powoli swe zamiary. . . . . (Podliczyć) w pamięci wypełnione powietrzem baloniki. . . . . (Ominąć) tych, którzy wypełnili swe baloniki powietrzem, a . . . . (zatrzymać się) przy tych, którzy wciąż dmuchali w mały otwór gumowej kuli. . . . . (Namówić) ich do szybszej pracy. W międzyczasie . . . . (wymyślić) kolejną historię dla zainteresowanych jego grą. Zdecydował, że wypełnione powietrzem baloniki powinny unosić się teraz w powietrzu. . . . . (Podejść) do każdego widza zajętego nadmuchiwaniem balonika i . . . . (podpalić) go delikatnym płomieniem. Baloniki rzeczywiście zaczęły się unosić w powietrzu. Ja z zainteresowaniem przypatrywałem się tej dziwnej operacji. (Ja) .... (Pokazać) palcem na kolejny balonik, który unosił się nad ich głowami. Któż z nich przypuszczał, że tak dziecinna zabawa może być interesująca?

W salonie .... (dostawić) nowe krzesła. Kolejni widzowie i amatorzy zabawy .... (zająć) swoje miejsca. Każdy z nich miał w ręku niewypełniony jeszcze powietrzem gumowy balonik. Zabawa trwała.

Exercise 76

Complete the dialogue with the proper forms of the verb *dać* and appropriate prefixes.

– Mamo, **dałaś** mi tylko kilka złotych. Czy mogłabyś mi .... jeszcze dwa złote? Brakuje mi dokładnie tyle, aby sobie kupić nowy model sportowego samochodu.
– Kochanie, nie mogę ci .... dwóch złotych, ponieważ powinieneś mi .... dług. Pożyczyłam ci dwa tygodnie temu złoty pięćdziesiąt i jeszcze mi nie .... Te pieniądze, które ci .... wczoraj, to kieszonkowe na ten tydzień. Miałam nadzieję, że będziesz trzymał te pieniądze na zakup śniadania w szkole...
– Mamo, ja już .... kolegom te pieniądze, które mi .... dwa tygodnie temu. W poniedziałek złotówkę Jankowi, w środę drugą złotówkę Piotrkowi i kilkadziesiąt groszy Marcinowi.
– Synku, dlaczego .... pieniądze kolegom, które .... ode mnie na śniadania w szkole?
– Mamo, przecież moi koledzy są bardzo biedni i nigdy nie mają pieniędzy.
– Synku, nie mogę ci .... tych dwóch złotych, ponieważ wczoraj w sklepie .... wszystkie pieniądze, które mieliśmy na ten tydzień. Jeszcze dzisiaj muszę .... dwie przesyłki polecone, a jak wiesz, opłaty pocztowe w Polsce są teraz bardzo wysokie.
– Mamo, ale ja bardzo chciałbym, żebyś mi .... te dwa złote do kieszonkowego.
– Dobrze. Tam na stoliku w przedpokoju jest mój portfel. Proszę .... mi go. Możesz .... sobie przynajmniej tyle trudu.
– Dziękuję ci mamo. Kiedy będę pracował .... ci wszystkie długi.

Exercise 77

Fill in the blanks with appropriate aspectual forms of the verbs with the reflexive pronoun *się*.

Note
Use a proper grammatical tense depending on the context.

Verbs:
bać się/ndk; *dogadać się*/dk; *dogadywać się*/ndk; *domagać się*/ndk; *domyślać się*/ndk; *domyślić się*/dk; *dowiadywać się*/ndk; *dowiedzieć się*/dk

1. Drzewa iglaste nie .... mrozu.
2. Janek .... od znajomych, że sąsiedzi już wyjechali.
3. Maszerowaliśmy już 20 kilometrów. Strudzone nogi .... odpoczynku.
4. Mówił niewyraźnie. Nigdy z nim nie mogłem .... po francusku.
5. Mówiła co innego. Mimo to (*ja*) .... prawdy.
6. Nie wiem, co chcesz robić! Nie mogę za każdym razem ...., co masz na uwadze.
7. O istnieniu instytutu dla obcokrajowców w Krakowie (*ja*) .... od kolegi.
8. O tej sprawie (*ja*) .... zupełnie przypadkowo od obcej osoby.
9. Odważni ludzie nie .... niczego.
10. Robotnicy zarabiali mało, więc .... większych zarobków.
11. Studenci .... profesora, bowiem był on wymagającym i surowym człowiekiem.
12. Za każdym razem .... z tym klientem. Tym razem nie doszliśmy do żadnego porozumienia.
13. Zawsze (*on*) .... jako ostatni tego, o czym wszyscy już wcześniej wiedzieli.
14. Zawsze ma swoje zdanie na każdy temat. Trudno .... z nim.
15. Ziemia była wyschnięta. .... deszczu.

Exercise 78

Instructions as in exercise 77.

Verbs:

dziać się/ndk; *kłaniać się*/ndk; *kłócić się*/dk; *najeść się*/dk; *napić się*/dk; *napoić się*/dk; *napodróżować się*/dk

1. Był tak przejęty swoimi egzaminami, że nie wiedział, co .... wokół niego.
2. Był tak zarozumiały, że nie .... nikomu w pracy.
3. Był to człowiek niezrównoważony. .... o byle co ze wszystkimi.
4. Było spokojnie. Wokół panowała cisza. Nic .... nie ....
5. Dzieci .... cukierków, czekolady i ciastek, a potem narzekały na ból żołądka.
6. Dzisiaj skończyłem pracę. Mam ochotę .... czegoś mocniejszego, na przykład wódki.
7. Kupiłem nowy dywan w kolorze czerwonym. Kolor ten .... z wyposażeniem pokoju.
8. Miałem ciężkie życie i musiałem nieźle ...., aby osiągnąć to, co mam.
9. Miałem ochotę .... czegoś orzeźwiającego, gdyż cały czas piłem słodkie napoje.
10. Nie jadłem od dwóch dni. Wróciłem do domu i .... do syta.
11. Nie lubił podawać ręki. Zawsze .... skinieniem głowy.
12. On zawsze .... pięknie całej rodzinie, bo chciał być przez wszystkich lubiany.
13. Przecież dzisiaj masz urodziny! Chciałem .... za twoje zdrowie!
14. Przez dwadzieścia lat byłem pilotem wycieczek. Przez 20 lat .... wiele po świecie.
15. Zadanie była bardzo trudne. (*Ja*) .... nieźle, zanim je rozwiązałem.

Exercise 79

Instructions as in exercise 77.

Verbs:
odezwać się/dk; *odzywać się*/ndk; *opiekować się*/ndk; *pobać się*/dk; *pocić się*/ndk; *podobać się*/ndk i dk; *pojawić się*/dk; *pojawiać się*/ndk

1. Chociaż było ciepło, ona była ubrana w futro. Z tych to powodów .... bez przerwy.
2. Egzamin z matematyki był trudny, dlatego też studenci .... przez trzy godziny nad rozwiązaniem zadań.
3. Nie zabierał głosu w dyskusji od dłuższego czasu. Pod koniec zebrania .... bez sensu.
4. Nigdy nie zabierał głosu na zebraniach. Nie lubił .... publicznie.
5. Po raz pierwszy od kilku lat w okolicy .... bociany.
6. Przed każdymi wyborami na ulicach miasta .... kolorowe plakaty.
7. Przyjechali nowi koledzy. Mojemu synowi .... tylko jeden z nich.
8. Rodzicie pracowali cały tydzień. Ja, jako najstarsze dziecko, musiałem .... młodszym rodzeństwem.
9. Słońce już dawno schowało się za górami. Na niebie .... księżyc.
10. To był znakomity film. Ten film wszystkim ....
11. Ubierała się w ładne suknie, bowiem chciała .... chłopcom.
12. Uwielbiał psy. .... każdym bezpańskim psem.
13. W klasie od piętnastu minut panowała cisza. Nagle ktoś .... szeptem.
14. W pokoju panowała idealna cisza od dłuższego czasu. Nagle .... telefon.
15. Zanosiło się na okropną burzę podczas naszego pobytu w lesie. (*My*) .... trochę, ale burza szybko przeszła nad lasem i wcale nie była taka straszna.

Exercise 80

Instructions as in exercise 77.

Verbs:
pokłonić się/dk; *pokłócić się*/dk; *porozumieć się*/dk; *porozumiewać się*/ndk; *posłużyć (się)*/dk; *posługiwać (się)*/ndk; *postarać się*/dk

1. (*Ty*) Nie .... z nim, gdyż to jest bardzo uparty człowiek.
2. Żebrak .... w pas swojemu dobroczyńcy, który mu dał pieniądze na chleb.
3. Ewa .... z matką, gdyż matka nie pozwoliła jej spotykać się z chłopcami.
4. Każdy tłumacz musi .... słownikami.
5. Koleżanka dokuczała Jankowi, więc Janek .... o to, aby jej (się) odpłacić.
6. Na ten koncert nie ma już biletów, ale (*on*) .... załatwić chociaż jeden bilet.
7. Nie lubisz tej pracy? Musisz .... o ciekawszą pracę.
8. Nie wiem, czy będę mógł przyjść do ciebie dzisiaj. .... przyjść, bo mi zależy na tym spotkaniu.
9. Przeczytał ciekawą legendę. W tej legendzie .... znanym mu motywem.
10. Sąsiad nie oddał mi pieniędzy, a więc (*ja*) .... i przestaliśmy się do siebie odzywać.
11. To jest bardzo ważna sprawa. (*Ty*) .... to załatwić do końca!
12. W tej grupie byli niemi. .... zawsze między sobą na migi.
13. Wszyscy mieli odmienne zdania. Nigdy nie potrafili .... jeden z drugim.
14. Zawsze (*on*) .... kłamstwem, żeby uwolnić się od zarzutów.
15. Znakomite wypracowanie jednego ze studentów .... nam wszystkim za wzór.

Exercise 81

Instructions as in exercise 77.

Verbs:
pośmiać się/dk; *powstydzić się*/dk; *przejąć się*/dk; *przejmować się*/ndk; *przyczynić się*/dk; *przyczyniać się*/ndk; *przyglądać się*/ndk; *przyjrzeć się*/dk; *rozejrzeć się*/dk; *rozglądać się*/ndk

1. Chłopiec z zainteresowaniem .... dziewczynie. Była naprawdę piękna.
2. Co robisz? – Nic nie robię, bo nie mam pracy. Od dwóch dni .... za pracą.
3. Koledzy .... w dużej mierze do jego dymisji.
4. Komedia była zupełnie niezła. (*My*) .... i wróciliśmy do domu.
5. Miał jeden cel: nic nie robić i nie .... problemami życia codziennego.
6. Mój ojciec nie .... w życiu niczym. Wolał korzystać z życia.
7. Nie miała pieniędzy, ale chodziła po mieście i .... wystawom sklepowym.
8. Nigdy (*on*) nie .... wynikami w szkole, dlatego też był ostatnim uczniem w grupie.
9. Ona mówi tak po francusku, że nawet Francuz nie ....
10. Otrzymał bardzo złą wiadomość i strasznie ... nią ....
11. Specjalne służby zawsze .... do wykrycia wszelkiego rodzaju nadużyć w rządzie.
12. Spojrzał w lustro i .... sobie z przerażeniem. Miał na twarzy wielką, fioletową plamę.
13. Ta sprawa jest niezwykle skomplikowana. Musi pan lepiej .... tej sprawie.
14. To mieszkanie jest okropne. Musisz (*ty*) .... za nowym mieszkaniem.
15. Wszedł do domu i .... najpierw po kuchni, potem po pokoju.

Exercise 82

Instructions as in exercise 77.

Verbs:
roześmiać się/dk; *rozstać się*/dk; *rozstawać się*/ndk; *skarżyć się*/ndk; *specjalizować się*/ndk; *spieszyć się*/ndk; *spodobać się*/dk; *spodziewać się*/ndk

1. Choć zmieniły się czasy, stary człowiek nie mógł . . . . ze swoimi przyzwyczajeniami.
2. Janek . . . . serdecznie, kiedy Zosia zaczęła opowiadać o ich pierwszym spotkaniu.
3. Kochała psa. Nie . . . . niemal ze swoim psem.
4. Moja koleżanka . . . . już z mężem kilkakrotnie, a ciągle są razem.
5. (*Ja*) Nie . . . . po nim, że może zrobić komukolwiek krzywdę. A jednak zrobił!
6. Nigdy nie miał czasu i zawsze . . . .
7. Od kilku dni mama czuła się źle i nie . . . . z tabletkami.
8. Po krótkiej rozmowie ministrowie . . . .
9. Profesor, który był lingwistą . . . . w językach słowiańskich.
10. Siedział sobie spokojnie i nie . . . . niczego złego. Aż tu nagle taka katastrofa!
11. Sklepy X . . . . w sprzedaży filmów pornograficznych.
12. Ta dziewczyna była nieśmiała, i dlatego bardzo mu . . . .
13. Tak bardzo go kochała, że nigdy nie chciała . . . . z nim choćby na chwilę.
14. Ten zegarek jest niedokładny. . . . . o pół godziny.
15. Uwielbiał samochody. Nie . . . . ze swoim samochodem.
16. Pogodził się ze swoim losem. Nigdy nie . . . . na trudne warunki życia.

Exercise 83

Instructions as in exercise 77.

Verbs:
spocić się/dk; *spóźnić się*/dk; *spóźniać się*/ndk; *starać się*/ndk; *śmiać się*/ndk; *ukłonić się*/dk; *uśmiać się*/dk; *wpatrywać się*/ndk; *wstydzić się*/ndk; *wyspać się*/dk; *wyspecjalizować się*/dk; *wystarać się*/dk

1. Było dzisiaj tak gorąco, że (*ja*) .... Muszę się teraz wykąpać.
2. Film był tak zabawny, że dzieci .... całe dwie godziny.
3. Jego dzieci były źle wychowane. W każdej sytuacji ojciec musiał .... za nie.
4. Koniecznie chciał iść na ten koncert. Po długich zabiegach .... o zaproszenie.
5. Moja córka zawsze .... być dobrą uczennicą, a pani mówi, że nic nie robi.
6. Nie mam już pieniędzy na studia, a więc .... o pożyczkę w banku. Mam nadzieję, że otrzymam ją wkrótce.
7. Nie mogłem spać na tym łóżku. Dopiero na materacu .... doskonale.
8. Opowiadała tak śmieszne dowcipy, że wszyscy obecni na spotkaniu .... serdecznie.
9. Pracował w piekarni i .... w produkcji znakomitych rogalików.
10. Prezydent wszedł na salę obrad i wszystkim ....
11. Studenci słuchali wykładu profesora i .... w niego z zachwytem.
12. Szedł powolnym krokiem i .... w ziemię.
13. Ten zegarek źle chodzi. .... o dwadzieścia minut.
14. Wstałem o ósmej zamiast o siódmej i .... do pracy.
15. Zawsze wychodził na autobus w ostatniej chwili i zawsze .... do szkoły.

Exercise 84

Instructions as in exercise 77.

Verbs:
wysypiać się/ndk; *zaopiekować się*/dk; *zaśmiać się*/dk; *zaśmiewać się*/ndk; *zdarzać się*/ndk; *zdarzyć się*/dk; *zderzać się*/ndk; *zderzyć się*/dk; *zgadzać się*/ndk; *zgodzić się*/dk; *pojawić się*/dk

1. Był smutny. Nagle na jego twarzy . . . . uśmiech.
2. Dziecko jest chore. Musi ktoś . . . . nim!
3. Dzisiaj widziałem okropny wypadek na ulicy. Ciężarówka . . . . z samochodem osobowym.
4. (*Ja*) Nie . . . . już od wielu dni, bowiem ktoś ciągle hałasował za ścianą.
5. Kiedy ona opowiadała dowcipy, wszyscy . . . . do łez.
6. Matka nie . . . . na mój wyjazd za granicę.
7. Miał dziwną naturę. Nigdy nie . . . . na jakiekolwiek zmiany w swoim życiu.
8. Na tej wąskiej i niebezpiecznej ulicy samochody . . . . dość często.
9. Nie lubił domu rodzinnego. Po raz pierwszy od dwóch lat . . . . u rodziców.
10. Nigdy jeszcze nie . . . . taka przygoda jak dzisiaj.
11. Wracał do domu zawsze po pracy, choć czasami . . . . mu . . . . . . wracać później.
12. Opowiadał dowcip, z którego nikt nie śmiał się, więc sam . . . . cichutko pod nosem ze swojego dowcipu.
13. Powiedział nie, i nie chciał . . . . na moją propozycję.
14. Ten człowiek nigdy nie . . . . z kolegami z biura.
15. W prasie . . . . wiele artykułów na temat życia intymnego pary królewskiej.

===== Exercise 85 =====

Use the reflexive pronoun *się* with verbs in the 3rd person singular to form predicates of sentences without subject in the present or past tense.

Example:
>   Jest późno.
>   (*robić/zrobić*) → **Robi się/zrobiło się** późno.

1. Do sklepu może pani iść na prawo.
   (**iść**) → Do sklepu .... na prawo.
2. Rolnicy mówią, że lato tego roku będzie upalne.
   (**mówić**) → ...., że lato tego roku będzie upalne.
3. Zimą możemy jeździć w górach na nartach.
   (**jeździć**) → Zimą .... w górach na nartach.
4. Praca w bibliotece jej odpowiada.
   (**pracować**) → Dobrze jej .... w tej bibliotece.
5. Te fotele są wygodne.
   (**siedzieć**) → Dobrze .... nam .... w tych fotelach.
6. Nie mam ochoty iść do pracy.
   (**chcieć**) → Nie .... mi .... iść do pracy.
7. Dyskusja z tym człowiekiem jest trudna.
   (**rozmawiać**) → Ciężko .... z tym człowiekiem.
8. Jestem zadowolona z tego mieszkania.
   (**mieszkać**) → Dobrze mi ...... tutaj ....
9. Nie mieli nigdy problemów finansowych.
   (**powodzić się**) → Dobrze im ....
10. Nigdy nie produkowali samochodów.
    (**produkować**) → W tym kraju nie .... samochodów.

===== Exercise 86 =====

Use the reflexive pronoun *się* with verbs in the active voice.

Example:
>   Jan lubi Marię./Maria lubi Jana.
>   → Jan i Maria *się lubią*.

1. On nienawidzi brata./Brat jego też nienawidzi.
   Oni ....
2. Ojciec rozumie matkę./Matka rozumie ojca.
   Oni .... dobrze ....

3. Piotr unika Marty./Marta unika Piotra.
   Oni . . . . wzajemnie.
4. Ja kocham brata./Brat kocha mnie.
   My . . . .
5. Jeden chłopiec bije drugiego chłopca.
   Oni . . . .
6. Jedna dziewczyna obmawia drugą dziewczynę.
   One . . . . często . . . .
7. Piotr spotyka często Marię.
   Oni . . . . często . . . .
8. Piotr często odwiedza Marię./Maria też go odwiedza.
   Oni . . . . często . . . .
9. On jej nie cierpi./Ona jego nie cierpi.
   Oni . . . . . . nie . . . .
10. On jej nie znosi./Ona jego nie znosi.
    Oni . . . . . . nie . . . .

Exercise 87

Use appropriate reflexive verbs in the sentences below.

Example:
   Najpierw matka **myje** małe dziecko.
   → Potem ona **się myje** (sama).

1. Dziewczynka czesze lalce włosy.
   Potem ona . . . . (sama).
2. Po kąpieli matka wyciera dziecko.
   Potem ona . . . . (sama).
3. Chłopiec przewrócił krzesło.
   Krzesło . . . . (samo).
4. Matka obudziła syna o świcie.
   Syn . . . . (sam).
5. Matka ubiera dziecko.
   Dziecko . . . . (samo).
6. Matka kładzie dziecko do łóżka.
   Dziecko . . . . do łóżka (samo).
7. Policjant kieruje ruchem samochodów.
   Samochody (same) . . . . w lewo.
8. Drukuję na drukarce tekst.
   Tekst . . . . na drukarce (sam).

9. Piorę brudne koszule.
   Koszule.... .... w pralce (same).
10. Podniosłem chorą babcię, leżącą na łóżku.
    Babcia dzisiaj (sama).... ....

Exercise 88

Use verbs with or without the reflexive pronoun *się*:

Example:
  (*zatrzymać*)
  → Pociąg **zatrzymał się** na stacji.
  → Ktoś **zatrzymał** pociąg w polu.

1. (*zamknąć*)
   Drzwi... nagle.
   Ktoś nagle... drzwi.
2. (*otworzyć*)
   Okno... samo.
   Sąsiad... okno.
3. (*przewrócić*)
   Stół.. na balkonie.
   Ktoś .... stół na balkonie.
4. (*budować*)
   Ten dom....................................... już dwa lata.
   Sąsiedzi.......................... ten dom już od dwóch lat.
5. (*zjechać*)
   Przyjechała cała rodzina. .... wszyscy.
   Wczoraj.................... wszyscy z naszej rodziny.
6. (*zacząć*)
   Wykład... o ósmej.
   Profesor... wykład.
7. (*wyjaśnić*)
   Sytuacja sama..... ....
   Wreszcie ktoś................... tę skomplikowaną sprawę.
8. (*rozładować*)
   Ciężka atmosfera....................................... sama.
   Wreszcie ktoś................... tę ciężką atmosferę.

9. (*kończyć*)

Wykład .... o dziesiątej.

Profesor .... wykład o dziesiątej.

10. (*rozlać*)

Woda .... po stole.

Ktoś .... wodę na stole.

===== Exercise 89 =====

Transform the sentences with the impersonal subject into sentences with the personal subject by changing the reflexive pronoun *się* into one of its declensional forms.

Example:

    Marzą mi się czasy, kiedy byłem młody.

    → **Marzę sobie** o czasach, kiedy byłem młody.

1. Przypomina mi się pierwsze spotkanie z tobą.

.... pierwsze spotkanie z tobą.

2. Pomyliły mi się wszystkie ulice w tym mieście.

.... wszystkie ulice w tym mieście.

3. Utrwalił mi się w pamięci ten krajobraz.

.... ten krajobraz w pamięci.

4. Jechało mi się dobrze tym samochodem.

.... tym samochodem szybko i bez awarii.

5. Chciało mi się odpocząć po podróży.

.... odpocząć po podróży.

===== Exercise 90 =====

Complete the sentences as in the example.

Example:
(*rozczarować*)   → **Rozczarowałem** rodziców i sam też **się rozczarowałem**.

1. (*denerwować*) (*Ja*, masc.) .... nauczyciela i sam też ....
....

2. (*zmartwić*) (*Ja*, masc.) .... moich rodziców i sam też ....
....

3. (*ucieszyć*) (*Ja*, masc.) .... moich rodziców i sam też ....
....

4. (*obrazić*) (*Ja*, masc.) .... mojego kolegę i sam też ....

5. (*przyzwyczaić*) (*Ja*, masc.) .... mojego syna do codziennej modlitwy i sam też ....

6. (*wzruszyć*) (*Ja*, masc.) .... moją opowieścią wszystkich i sam też ....

7. (*martwić*) Sytuacja .... mnie i sam też ....

8. (*interesować*) Ona mnie .... i sama też mną ....

9. (*nudzić*) On .... nas i sam też ....

10. (*kąpać*) On .... dziecko w wannie i sam też ....

Exercise 91

Use the reflexive pronoun *się* and its forms: *siebie/się*; *sobie*; *sobą*.

Example:
On mówi.
→ On mówi **do siebie**.

1. Janek nie ma czasu.
On nie ma czasu dla ....
2. Po tej rozmowie nie mogę normalnie pracować.
Po tej rozmowie nie mogę dojść do ....
3. Mama kupiła nową sukienkę.
Mama kupiła dla .... tę sukienkę.
4. One wszystko zapomniały.
One niczego nie przypominają ....
5. Ten człowiek jest egoistą.
On widzi tylko ....
6. On nikim się nie interesuje.
On interesuje się tylko ....
7. Nie chcę udawać kogoś innego.
Chcę być ....
8. Oni nie myślą o nikim.
Oni myślą tylko o ....
9. Kolega opisał w liście tylko stan pogody.
On nie napisał nic o ....

10. To nie jest praca dla mnie.
    Nie widzę .... na tym stanowisku.
11. Nie wiem, jak przebiegnie to spotkanie.
    Nie wyobrażam .... tego spotkania.
12. Spaceruje i nic nie widzi, co się dzieje dookoła.
    Spaceruje i patrzy tylko przed ....
13. Chce zrezygnować z nałogu picia.
    On walczy ze ....
14. Jadę na wycieczkę z dziećmi.
    Zabiorę na wycieczkę dzieci ze ....
15. Skończyłem najtrudniejszą pracę.
    Mam to już poza ....
16. Pomyśl również o innych, którzy cierpią!
    Nie myśl tylko o ....!
17. Proszę dokumenty do kontroli.
    Przepraszam, nie mam dokumentów przy ....

Exercise 92

Use the reflexive pronoun *się* **and its forms** (*siebie, sobie, sobą*).

Example:
> On podobał się jej. Ona jemu się też podobała.
> → Oni **podobali się** *sobie*.

1. On ją rozczarował. Ona go rozczarowała.
   Oni rozczarowali się ....
2. On zakochał się w niej. Ona zakochała się w nim.
   Oni zakochali się w ....
3. On oddał jej część pracy. Ona jemu też oddała część pracy.
   Podzielili pracę między ....
4. On interesował się nią. Ona interesowała się nim.
   Oni interesowali się ....
5. On odnosił się do niej grzecznie. Ona odnosiła się do niego grzecznie.
   Oni odnosili się do .... grzecznie.
6. On nic nie mówił na jej temat. Ona nic nie mówiła na jego temat.
   Oni nic nie mówili o ....
7. On nic nie wiedział o niej. Ona nic nie wiedziała oni nim.
   Oni nic nie wiedzieli o ....
8. Ona sprzeczała się z nim. On sprzeczał się z nią.
   Oni sprzeczali się między ....

9. On załatwił sprawę z nią. Ona załatwiła sprawę z nim.
   Oni załatwili tę sprawę między . . . .
10. On mieszkał z nią zawsze. Ona mieszkała zawsze z nim.
    Oni mieszkali zawsze ze . . . .

=============================== **Exercise 93** ===============================

In the blanks below, write appropriate forms of the verbs with or without the reflexive pronoun *się*, paying attention to the difference in meaning.

Example:
pokazać/pokazać się
  → Zawsze chciał **pokazać się** z najlepszej strony i udowodnić, że jest inteligentny.
  → Zawsze chciał **pokazać** publicznie swoją wyższość nad innymi.

1. *robić/robić się*
   Zjadłem oryginalne danie w nowej restauracji i od godziny . . . .
   . . . . mi . . . . niedobrze.
   W tej restauracji kucharze . . . . często dania,
   po których klienci mają bóle żołądka.

2. *oddać/oddać się*
   Ojciec kochał bardzo rodzinę i . . . . rodzinie całym sercem.
   Przed śmiercią zdecydował, że . . . . cały swój majątek biednym.

3. *nosić/nosić się*
   Była elegancką kobietą i . . . . zawsze elegancko, choć skromnie.
   Była elegancką kobietą i . . . . zawsze skromnem choć najmodniejsze ubrania.

4. *pisać/pisać się*
   Zaproponowano mu wycieczkę, na którą musiałby wydać całą pensję. Nie . . . . na tak duży wydatek.
   Wziął papier i długopis do ręki. Z żalem . . . . ,
   że musi zrezygnować z tej wycieczki.

5. *wziąć/wziąć się*
   Nie miałem innego wyjścia, więc . . . . dziecko ze sobą i wyjechałem do rodziców.
   Nie miała innego wyjścia, więc . . . . do
   pracy i od tygodnia pracuje na poczcie.

6. *poznać/poznać się*

Kiedy (*ja*).......................... tego człowieka po raz pierwszy, miałem o nim dobre zdanie.

Kiedy (*ja*) .... na nim dobrze, zmieniłem moją dobrą opinię o tym człowieku.

7. *chcieć/chcieć się*

Uwierzył w tę nieprawdopodobną historię, bo .... uwierzyć.

Nie .... mu .... uwierzyć w tę nieprawdopodobną historię, którą mu opowiedziano.

8. *mieć/mieć się*

Był bogaty. Przez całe życie .... dużo pieniędzy, dobrą pracę i wiele podróżował po świecie.

Był bogaty. W życiu .... nieźle, bo jego rodzina zostawiła mu spory majątek.

9. *brać/brać się*

Zawsze mój ojciec .... do ręki kawałek chleba i całował go przed jedzeniem.

Nie mamy za wiele czasu. .... do jedzenia, a po śniadaniu zaczniemy pracować.

10. *rozjechać/rozjechać się*

Wczoraj samochód .... psa na ulicy.

Tydzień temu, po zakończeniu roku akademickiego wszyscy studenci .... w różne strony.

11. *dać/dać się*

To było za trudne. Tego nie .... zrobić.

Ledwie przyszedłem, a pan już mi .... tyle pracy do wykonania.

Exercise 94

Use the reflexive pronoun *się* in expressions with the word *sam* (*sama*, *samo*).

1. (*rozumieć*)

→ Nie musisz mi tego tłumaczyć dwa razy. To ....
.... przez ....

2. (*podjąć*)

→ Żadna decyzja nie może być ....
przez ....

3. (*mówić*)

O tym nie musimy już dyskutować. Przykłady ....
za.. .

Exercise 95

Use the reflexive pronoun *się* changing the verbs into reflexive voice.

Verbs:
gonić się, umyć się, położyć się, przeprosić się, ubrać się, znać się

Example:
> Janek zobaczył, że na czole ma tłustą plamę.
> → Janek wziął mydło, ręcznik i szybko **się umył**.

1. Janek był zmęczony. Obok stało łóżko.
Janek.. ..... na łóżku.
2. Janek miał ochotę iść na spacer, ale nie był odpowiednio ubrany.
Janek................................... .... i poszedł na spacer.
3. Była pierwsza grupa chłopców, którzy używali swoich imion, grając w piłkę na boisku.
Obok była druga grupa chłopców, którzy wołali jeden do drugiego używając zwrotu „ Ej, ty".
Chłopcy z pierwszej grupy................. .... od dawna. Chłopcy z drugiej grupy............ nie.............................. .
4. Po kłótni Janek przeprosił żonę. Żona też przeprosiła Janka.
Po kłótni oni.................. ...., i wszystko było w porządku.
5. Na trawniku było pięć psów. Jeden gonił drugiego.
Psy.. ..... po trawniku.

Exercise 96

Use the reflexive pronoun *się* in the sentences below.

Example:
> Nie lubię sprzeczek ani kłótni.
> → Nie lubię **sprzeczać się** ani **się kłócić**.

1. (*pytać*)
Zawsze czuję się nieswojo w obcym mieście. Nie lubię ....
o coś w obcym mieście.

2. (*wrócić*)

Powiedział, że spieszy mu się do pracy. Wyszedł szybko, ale po chwili znowu był w przedpokoju.

.... bez potrzeby.

3. (*dotknąć*)

Masz poplamioną koszulę! Co ty robiłeś?
Chyba................................... czegoś brudnego.

Exercise 97

Fill in the blanks with the reflexive pronoun *się* wherever necessary.

Spotkaliśmy.... z Magdą po raz pierwszy od dziesięciu lat. Umówiłem .... z nią na dworcu kolejowym. Kiedy ubierałem ...., przypomniało mi...., że muszę wziąć parasol, bo pada .... deszcz. Od kilku dni naprawdę.... rozpadało. Magdę tak naprawdę poznałem.... podczas wakacji nad morzem. Kiedy opalałem .... na skalistym brzegu, Magda pojawiła.... jak meteor. Nagle i niespodziewanie. Pierwsza odezwała.... do mnie, potem.... przedstawiła. Powiedziała...., że ma na imię Magda, i że.... strasznie nudzi.... sama nad morzem. Wybierała.... na obiad do restauracji. Popatrzyłem.... na nią i powiedziałem: „Do restauracji idzie.... prosto". Ona nie zareagowała..... Jedynie.... uśmiechnęła. Ja też uśmiechnąłem.... do niej. Miałem wrażenie, że od razu.... polubiliśmy. Kiedy patrzyła.... na mnie, podniosłem...., a potem podniosłem.... książkę, którą opalając...., czytałem. „Mnie też chce.... jeść" – pomyślałem. „Jeśli chcesz...., pójdziemy razem do restauracji". Zdecydowanie ta dziewczyna mi.... podobała. Ledwie poznaliśmy...., a ona już mi.... spodobała. Chciałbym ją lepiej poznać..... Weszliśmy do restauracji, do której zwykle wchodziło.... od strony morza. Spojrzeliśmy.... na siebie i wybraliśmy.... przytulne miejsce w samym rogu sali. Dotknąłem.... jej ręki. Miała bardzo delikatną dłoń. Do dziś pamiętam.... to wspaniałe uczucie. Mam nadzieję, że dzisiaj powtórzy.... to samo. Zaraz po jej przyjeździe wybierzemy.... do mojej ulubionej restauracji.

Exercise 98

Complete the sayings and quotations with the reflexive pronoun *się* **wherever necessary.**

Example:
→ Jeżeli nie ma **się** pieniędzy, to i chleb jest drogi.

1. Niewdzięczność jest zapłatą świata. Nieraz zdarza . . . . , że za dobroć płacą . . . . niewdzięcznością.
2. Prawdziwego przyjaciela poznaje . . . . w nieszczęściu.
3. Szczerość rodzi . . . . w miarę poznawania . . . . .
4. Szczerość rodzi . . . . zaufanie.
5. Cała mądrość nie mieści . . . . w głowie.
6. Nikt nie ponosi . . . . kary za swe myśli.
7. Stara miłość nie rdzewieje . . . . .
8. Czego Jaś . . . . nie nauczył, tego Jan nie będzie umiał.
9. Wiek nie chroni . . . . przed głupotą.
10. Nie jest łatwo poznać . . . . myśli drugiego człowieka.
11. Nie wszystko złoto, co . . . . świeci.

Exercise 99

Fill in the blanks with possessive pronouns *mój/moja/moje, swój/swoja/swoje, jego/jej/ich* **as in the example.**

Example:
Context:

Są trzy parasole: czerwony, czarny i niebieski.
→ Parasol czerwony należy do Janka.
→ Parasol czarny należy do Krzysztofa.
→ Parasol niebieski należy do Piotra.

Rozmawiają: Janek i Krzysztof.
Janek: Krzysztofie, czy ten czarny parasol jest **twój**?
Krzysztof: Tak. Czarny parasol jest **mój**.
Janek: Dlaczego wziąłeś niebieski parasol? To jest parasol Piotra. To jest **jego** parasol.
Krzysztof: Wziąłem **swój** parasol. Czarny. Czy nie widzisz, że to jest czarny parasol?
Janek: A Piotr? Który parasol on wziął?
Krzysztof: Piotr wziął **swój** parasol. Niebieski. To jest **jego** parasol.
Janek: Ja też wziąłem **swój** parasol. Czerwony. To jest **mój** parasol.

Context:

Są trzy walizki: mała, średnia i duża.
→ Syn powinien spakować małą walizkę.
→ Matka powinna spakować średnią walizkę.
→ Ojciec powinien spakować dużą walizkę.

Ojciec: Czy spakowałaś już . . . . dużą walizkę?
Matka: To nie jest . . . . walizka. To jest . . . . walizka.
Ja nie będę pakować . . . . walizki. Mam . . . .
. . . . do pakowania.
Ojciec: Czy mogłabyś jeszcze spakować walizkę syna?
Matka: . . . . walizkę?
Matka: Synku, czy już spakowałeś . . . . walizkę?
Syn: Nie będę pakował . . . . walizki. Ojciec spakuje
i . . . ., i . . . .
Ojciec: Ja nie będę pakować . . . . (*syna*) walizki. Każdy
ma . . . . walizkę do spakowania.
Matka: Najlepiej będzie, jeśli każdy spakuje . . . . walizkę.
Ja spakuję . . . . walizkę, ty (*mówi do męża*)
spakujesz . . . ., a nasz synek też spakuje
. . . . walizkę.
Syn: Ostatecznie mogę spakować (*pokazuje na ojca*) . . . .
walizkę. Mogę również spakować (*pokazuje na matkę*) . . . .
. . . . walizkę.
Syn: Ta mała walizka (*patrzy na niespakowane walizki*) jest . . . .
. . . ., ta średnia walizka jest . . . ., ta
duża jest . . . . Tak. Ta najmniejsza jest
. . . ., a duża i średnia to . . . . walizki.

=== **Exercise 100** ===

Instructions as in exercise 99.

Context:

W warsztacie samochodowym są trzy samochody.
→ Jest samochód Adama.
→ Jest samochód Piotra.
→ Jest trzeci samochód, należący do osoby, której nie znamy.
Pytania zadaje właściciel warsztatu samochodowego oraz osoba nieznana:

a.
Właściciel: Gdzie jest samochód Adama?
Piotr: Adam wziął .... samochód i wyjechał.

b.
Właściciel: A gdzie jest samochód Piotra?
Adam: Piotr wziął .... samochód i wyjechał.

c.
Osoba nieznana: Gdzie jest .... samochód?
Właściciel: Adam, gdzie jest samochód tego pana?
Adam: Piotr wziął .... samochód i pojechał.
Właściciel: Dlaczego Piotr nie wziął .... samochodu?
Adam: .... samochód jest taki sam, jak samochód tego pana. Pewnie się pomylił.

d.
Adam: Piotr, czy ty wziąłeś .... samochód?
Piotr: Tak. To był .... samochód.
Osoba nieznana: Nie. To nie był pana samochód. To był .... samochód.
Właściciel: .... samochód jest takiej samej marki, ale ma inny numer rejestracyjny.

Exercise 101

Change the sentences as in the example.

Example:
Czy skończyłeś już pisać **swoje** ćwiczenie?
→ **Moje** ćwiczenie już zostało napisane.

1. Czy widziałeś .... sekretarkę w kinie?
.... sekretarka nigdy nie chodzi do kina.
2. Czy wziąłeś .... dokumenty?
.... dokumenty są już w samochodzie.
3. Czy widziałeś się ze .... szefem?
Nie. .... szef jest na urlopie.
4. Czy jeździsz już .... samochodem?
Jeszcze nie. .... samochód jest w naprawie.
5. Czy weźmie pan .... dzieci na wycieczkę?
Nie wezmę. .... dzieci są u babci.

Exercise 102

Change the sentences as in the example.

Example:
    Czy to jest **twój** parasol?
    → Nie. To jest parasol Marty.
    → To jest **jej** parasol.
    → **Mój** parasol jest w przedpokoju.

1. Czy to jest twój syn?
    Nie. To jest syn tego pana.
    To jest . . . . syn.
    . . . . syn jest na wakacjach.

2. Czy to jest wasz dom?
    Nie. To jest dom babci i dziadka.
    To jest . . . . dom.
    . . . . dom jest po przeciwnej stronie ulicy.

3. Czy to jest twoja dziewczyna?
    Nie. To jest dziewczyna tego chłopca.
    To jest . . . . dziewczyna.
    . . . . dziewczyna tutaj nie mieszka.

4. Czy twój ojciec jest inżynierem?
    Nie. Ojciec Tomasza jest inżynierem.
    . . . . ojciec jest inżynierem.
    . . . . ojciec jest kucharzem.

5. Czy twoja matka jest nauczycielką?
    Nie. Matka Janka i Krystyny jest nauczycielką.
    . . . . matka jest nauczycielką.
    . . . . matka jest kucharką.

Exercise 103

Fill in the blanks with proper possessive pronouns as in the example.

Example:
On przyszedł na spotkanie ze **swoją** dziewczyną.
Przedstawiając ją powiedział: → To jest **moja** dziewczyna.
Goście potem powiedzieli: → **Jego** dziewczyna jest bardzo sympatyczna.

1. Ona przyszła na imieniny ze . . . . chłopcem.
    Przedstawiając go, powiedziała: To jest . . . . chłopiec.
    Goście potem powiedzieli: . . . . chłopiec jest bardzo sympatyczny.

2. Matka przyszła do szkoły z młodszym synem i ze starszym synem.
Prezentując chłopców, powiedziała: To są .... synowie.
Ktoś potem powiedział: .... synowie są bardzo sympatyczni.

3. Dyrektor wszedł do sekretariatu ze .... przełożonymi z ministerstwa.
Przedstawiając ich sekretarce, powiedział: To są .... przełożeni z ministerstwa.
Sekretarka oceniła przełożonych: .... przełożeni są niesympatyczni.

Exercise 104

Fill in the blanks with proper possessive pronouns as in the example.

Context:
1. Osoba, która zadaje pytania:
Janek, Krystyna, Krystyna i Janek;

2. Osoba, która odpowiada negatywnie:
Piotr/Maria   albo Piotr;

3. Osoba, która pyta w imieniu Janka
Marcin.

Example:

a.

Janek:	*Piotr/Maria:*	*Marcin:*
Masz **moją** książkę?	Nie. Mam **swoją**.	Kto ma **jego** książkę? (*książkę Janka*)
1. Masz moje pióro?	Nie. Mam	Kto ma ..... pióro? (*pióro Janka*)
2. Znacie moją nauczycielkę?	Nie. Znamy	Kto zna ... nauczycielkę? (*nauczycielkę Janka*)
3. Pijecie moje piwo?	Nie. Pijemy	Kto pije .... piwo? (*piwo Janka*)
4. Jesz moją czekoladę?	Nie. Jem	Kto je ..... czekoladę? (*czekoladę Janka*)
5. Masz mój test?	Nie. Mam	Kto ma .... test? (*test Janka*)

Example:
b.

Krystyna:	*Piotr/Maria:*	*Marcin:*
Masz **moją** książkę?	Nie. Mam **swoją**.	Kto ma **jej** książkę? (*książkę Krystyny*)
1. Masz moje pióro?	Nie. Mam	Kto ma .... pióro? (*pióro Krystyny*)
2. Znacie moją nauczycielkę?	Nie. Znamy	Kto zna .... nauczycielkę? (*nauczycielkę Krystyny*)
3. Pijecie moje piwo?	Nie. Pijemy	Kto pije .... piwo? (*piwo Krystyny*)
4. Jesz moją czekoladę?	Nie. Jem	Kto je .... czekoladę? (*czekoladę Krystyny*)
5. Masz mój test?	Nie. Mam	Kto ma .... test? (*test Krystyny*)

Example:
c.

Krystyna i Janek:	*Piotr:*	*Marcin:*
Masz **naszą** książkę?	Nie. Mam **swoją**.	Kto ma **ich** książkę? (*książkę Krystyny i Janka*)
1. Masz nasze pióro?	Nie. Mam	Kto ma .... pióro? (*pióro Krystyny i Janka*)
2. Znacie naszą nauczycielkę?	Nie. Znamy	Kto zna .... nauczycielkę? (*nauczycielkę Krystyny i Janka*)
3. Pijecie nasze piwo?	Nie. Pijemy	Kto pije .... piwo? (*piwo Krystyny i Janka*)
4. Jesz naszą czekoladę?	Nie. Jem	Kto je ..... czekoladę? (*czekoladę Krystyny i Janka*)
5. Masz nasz test?	Nie. Mam	Kto ma .... test? (*test Krystyny i Janka*)

Exercise 105

Fill in the blanks with proper possessive pronouns as in the example.

Example:
    Chcesz **moje** piwo?
    → Nie. Wolę **swoje** piwo.

1. Chcesz moją parasolkę?   Nie. Wolę . . . . parasolkę.
2. Chcesz moje pióro?   Nie. Wolę . . . . pióro.
3. Idziesz na spacer z moim synem?   Nie. Wolę iść na spacer ze . . . . synem.
4. Rozmawiałeś z moim kolegą?   Nie. Wolę rozmawiać ze . . . . kolegą.
5. Włożyłeś mój płaszcz?   Nie. Wolę . . . . płaszcz.

Exercise 106

Fill in the blanks with proper possessive pronouns as in the example.

Example:
    To jest **moja** matka, a to jest **jego** matka.
    → On lubił **moją** matkę i **swoją**.

1. To jest mój kolega, a to jest jej kolega.
   Ona rozmawiała z . . . . kolegą i ze . . . .
2. To jest mój syn, a to jest jego syn.
   Ojciec bawił się z . . . . synem i ze . . . .
3. To jest moje dziecko, a to jest jej dziecko.
   Ona bawiła się z . . . . dzieckiem i ze . . . .
4. To jest mój samochód, a to jest jego samochód.
   Najpierw on jechał . . . . . . samochodem, a potem . . . .
5. To jest moja sąsiadka, a to jest jego sąsiadka.
   Najpierw rozmawiał z . . . . . . sąsiadką, a potem ze . . . .

Exercise 107

Fill in the blanks with proper possessive pronouns as in the example.

Example:
    On kochał **swoją** matkę.
    → **Jego** matka była pielęgniarką.

1. Ona spacerowała ze . . . . chłopcem.
. . . . chłopiec był marynarzem.

2. On rozmawiał ze .... synem.
.... syn był maturzystą.
3. Oni szli ze .... dziećmi.
.... dzieci były jeszcze bardzo małe.
4. On lubił .... psa.
.... pies był rasowym seterem.
5. Oni lubili .... pracę.
.... praca dawała im wiele satysfakcji.

================ **Exercise 108** ================

Use possessive pronouns in expressions as in the example.

Example:
Nigdy nie był skrępowany w działaniu i postępował według własnej woli.
→ Był panem **swojej** woli.

1. Zawsze wykonywał odpowiednią dla siebie pracę.
Ten człowiek był na .... miejscu.
2. Po wielu latach powrócił do rodzinnego domu.
Po wielu latach znalazł się na .... śmieciach.
3. Zawsze działał samodzielnie, na własną odpowiedzialność.
Zawsze działał na .... rękę.
4. Wreszcie mógł rozprawić się z tym człowiekiem.
Wreszcie miał go w .... rękach.
5. Mówił wszystko od siebie.
Zawsze mówił w .... imieniu.
6. Narażał się, a potem bał się o siebie.
Bał się o .... skórę.
7. Był przerażony. Mówił coś, ale innym niż zwykle głosem.
Odezwał się nie .... głosem.
8. Opowiedział przeczytaną historię własnymi słowami.
Opowiedział historię .... słowami.
9. Pozyskał sobie wszystkich przeciwników.
Przeciągnął wszystkich na .... stronę.
10. Wyjechałem na konferencję i zapłaciłem za pobyt z własnych pieniędzy.
Byłem na konferencji na .... koszt.
11. Przejął inicjatywę i zaczął działać.
Wziął inicjatywę w .... ręce.

12. Wypowiadał swoje opinie, choć nikt go o to nie prosił.
    Zawsze podczas dyskusji wsadzał .... trzy grosze.
13. Robił wszystko niezgodnie z instrukcją.
    Robił wszystko na .... sposób.
14. Kilkanaście lat temu ludzie byli inni.
    .... czasu ludzie inaczej się zachowywali.
15. Zadzwonię do pana we właściwej chwili.
    Powiedział, że zadzwoni w .... czasie.
16. Czuł się dobrze w nowym środowisku.
    Od razu, kiedy się tutaj pojawił, był w .... żywiole.
17. Postępował zawsze niezależnie od wpływów otoczenia.
    Zawsze chadzał .... drogami.
18. Zachowywała się jak osiemnastoletnia dziewczyna, a miała już dobrze pod czterdziestkę.
    Miała już .... lata, a zachowywała się jak osiemnastoletnia dziewczyna.
19. Nigdy nie podlegał wpływom innych.
    Zawsze miał .... zdanie.
20. On zawsze osiągał zamierzony cel.
    Zawsze dopiął ....

Exercise 109

Use the possessive pronouns *swój* and *swoja* as nouns in the following meanings:

a. *ktoś bliski, należący do tego samego środowiska, do rodziny, krewny, rodak* oraz zaimka dzierżawczego **swoje** w znaczeniu:
b. *to, co jest czyjąś własnością lub się komuś należy.*

Example:
> Po wieloletniej emigracji wróciliśmy na rodzinne łono.
> → Po wieloletniej emigracji wróciliśmy do **swoich**.

1. Kto tam puka?
   Nie obawiajcie się. To .... !
2. I znowu spotkaliśmy się po tylu latach!
   A nie mówiłem, że .... swojego zawsze znajdzie.
3. Znowu wróciłem do was.
   .... zawsze ciągnie do swojego.
4. Musisz mi oddać to, co ci pożyczyłem.
   Masz rację. Trzeba się upominać o ....

5. W tym mieszkaniu wszystko należy do mojej żony.
   To prawda. Nie masz tutaj nic ....
6. Nie lubię, kiedy ktoś płaci za mnie w restauracji.
   Masz rację. Lepiej jeść za .... pieniądze.
7. Zdecydowałem, że zacznę samodzielne życie.
   Masz rację. Lepiej pójść na .... w pewnym wieku.
8. Pojechaliśmy na wycieczkę, i wycieczka nam się zwróciła.
   Jak zwykle wyszliście na ....
9. Będę prowadził własne gospodarstwo.
   Masz rację. Nie ma to jak pracować na ....
10. Wyprowadzam się od rodziców.
    Masz rację. Lepiej być na ....

=== Exercise 110 ===

Complete the story told by Peter's friend by filling in the blanks with proper possessive pronouns.

Wszedłem do pokoju Piotra. W ...**jego**... pokoju było pusto. Na .... biurku leżał list. Nie odważyłem się przeczytać tego listu. Zajrzałem do szafy. Piotr musiał wziąć wszystkie .... ubrania, ponieważ w szafie było też pusto. Mieszkaliśmy od dwóch lat w tym samym mieszkaniu. Każdy z nas miał .... pokój. .... pokój był mniejszy, a .... większy. Z tego powodu, że .... pokój był większy, zwykle jedliśmy posiłki w .... pokoju. W .... tzw. *salonie* przyjmowaliśmy gości. W przedpokoju zauważyłem parasol Piotra. „Dlaczego on nie wziął .... parasola?" – pomyślałem sobie. Miał czarny, duży parasol. Ja miałem niebieski. .... niebieskiego parasola nie było w przedpokoju. Piotr przez pomyłkę wziął .... parasol. Jeśli się tutaj kiedyś pojawi, muszę mu oddać .... parasol, a odebrać ...., gdyż byłem bardzo przywiązany do .... parasola.

Następnie wszedłem do łazienki. Z łazienki Piotr wziął wszystkie .... przybory toaletowe. Zostawił tylko .... stary ręcznik, którego używaliśmy czasami do wycierania podłogi. Nie ma tutaj ani jednej rzeczy – skonstatowałem. Ciekawe, czy zostawił przynajmniej .... nowy adres. Rozerwałem kopertę. W kopercie nie było .... nowego adresu. Zdecydowałem, że zadzwonię do ...... mamy, którą poznałem miesiąc temu. Podniosłem słuchawkę telefonu. Nagle usłyszałem .... głos w telefonie. Piotr, to ty! – wykrzyknąłem. – A co, nie poznajesz .... najlepszego kolegi –

zdziwił się Piotr. – Teraz poznaję. Piotr – powiedziałem – wracaj do
.... pokoju. Nie możesz się wyprowadzać po każdej kłótni.

Exercise 111

Use the proper case required by the adjectives given below. Look at the example in the first sentence.

Adjectives:
bliski, ciekawy, głodny, godny, niepewny, nieświadomy, pewien, pewny, spragniony, syty, świadomy, wart, warty, winny, żądny

1. Za chwilę ten człowiek się rozpłacze.
   → Ten człowiek był **bliski płaczu**.
2. Chciał już zrezygnować ze studiów.
   Był **bliski** .... ze studiów.
3. Interesowało go życie innych narodów.
   Był **ciekawy** .... innych narodów.
4. Zawsze interesowała się cudzymi sprawami.
   Była **ciekawa** ....
5. Nie zaznała miłości w życiu.
   Była ciągle **głodna** ....
6. Od dwóch miesięcy nie miała nowin od syna.
   Była **głodna** .... od syna.
7. Ten szczegół należy zapamiętać.
   Ten szczegół był **godny** ....
8. Ten film należy obejrzeć.
   To jest film **godny** ....
9. Przed nami było niebezpieczeństwo.
   Byliśmy **nieświadomi** ....
10. Jego los wisiał na włosku.
    Był **niepewny** swego ....
11. Mam zaufanie do rodziców.
    Jestem **pewny** ....
12. Ten artysta miał zagwarantowany sukces.
    Mógł być **pewien** ....
13. Nie miał możliwości zdobycia wiedzy.
    Przez całe życie był **spragniony** ....
14. Od dawna nie rozmawiał z ludźmi.
    Był **spragniony** .... z ludźmi.

15. Od dawna był sławnym artystą.
    Całe życie był **syty** . . . .
16. Miałem w życiu wiele zaszczytów.
    Pod koniec życia byłem **syty** . . . .
17. Obarczono go odpowiedzialnością.
    Był **świadomy** swojej . . . .
18. Miała niezwykłą urodę po matce.
    Była **świadoma** swojej . . . .
19. Temu chłopcu damy nagrodę.
    Tak. On jest **wart** . . . .
20. Tę wystawę należy obejrzeć.
    To jest wystawa **warta** . . . .
21. Miał dobrą żonę, a sam był łotrem.
    On nie był **warty** takiej . . . .
22. On spowodował tę katastrofę.
    To on był **winny** tej . . . .
23. Marzył o nieograniczonej władzy.
    Był to człowiek **żądny** . . . .
24. Znaczenie miały tylko silne wrażenia.
    Był człowiekiem **żądnym** . . . .

Exercise 112

Use the proper case required by adjectives with prepositions from the list below.

Prepositions:
dla, do, na, o, od, w, wobec, z/ze, za

Adjectives:
bezczelny wobec, blady z(e), charakterystyczny dla, chciwy na, czerwony z(e), dobry w, doświadczony w, gotowy do, istotny dla, korzystny dla, niewykonalny dla, obfity w, obojętny wobec, odpowiedni dla, oskarżony o, ostatni z(e), otwarty na, podobny do, przeświadczony o, przyjazny dla, rozmiłowany w, spokojny o, sprzeczny z, szczery wobec, szczęśliwy dla, troskliwy o, wdzięczny za, właściwy dla, wolny od, wrażliwy na, wymagający wobec, wyższy o, zadowolony z, zagniewany na, zakochany w, zależny od, zaprzyjaźniony z, zaślepiony w, zazdrosny o, zdolny do, zgodny z, życzliwy dla

Example:
> Nie liczył się z niczym i z nikim.
> → Był **bezczelny wobec wszystkich.**

1. Był krawcem i uwielbiał ten zawód.
   To był właściwy dla .... zawód.
2. Decyzja była niezgodna z kodeksem.
   To była decyzja sprzeczna z .... prawa cywilnego.
3. Dostał skromny prezent.
   Był wdzięczny za ten ....
4. Góry w Szwajcarii?
   Góry są charakterystyczne dla ....
5. Jego dom miał dwa piętra. Mój miał cztery piętra.
   Mój dom był wyższy o ....
6. Każda nowa idea była dla niego ważna.
   Był otwarty na ....
7. Kiedy jest zimno, ten kwiatek na pewno zwiędnie.
   To jest kwiatek wrażliwy na ....
8. Kochała dzieci.
   Była troskliwa o ....
9. Konferencja przebiegała zgodnie z programem.
   Był zadowolony z ....
10. Miał dużą praktykę w pracy z dziećmi.
    Był doświadczony w .... z dziećmi.

Exercise 113

Instructions as in exercise 112.

1. Mógł zrobić wszystko.
   Był to człowiek zdolny do ....
2. Myślał tylko o pieniądzach.
   Był chciwy na ....
3. Nic nie zrobił, a zarzucano mu zabójstwo.
   Został oskarżony o ....
4. Nie interesowała go ludzka krzywda.
   Był obojętny wobec ....
5. Nie mógł obejść się bez narkotyków.
   Był zależny od ....
6. Nie odzywał się do syna.
   Był zagniewany na ....
7. Nie przejmował się przyszłością, bo miał duży majątek.
   Ten człowiek był spokojny o ....
8. Nie udawał niczego podczas rozmowy ze mną.
   Był szczery wobec ....

9. Niech się pani nie boi tego psa!
   On jest życzliwy dla . . . .
10. Oddział mógł w tej chwili wykonać atak.
    Oddział był gotowy do . . . .

Exercise 114

Instructions as in exercise 112.

1. Ogarnął go wstyd.
   Był czerwony ze . . . .
2. Ogarnęła go złość.
   Był blady ze . . . .
3. Ojciec i matka po raz pierwszy doszli do porozumienia.
   Ojciec w tej sprawie był zgodny z . . . .
4. Otrzymywał bardzo dobre oceny z matematyki.
   Był dobry w . . . .
5. Pilnował swojej żony na każdym kroku.
   Był zazdrosny o . . . .
6. Podobał jej się ten mężczyzna.
   To był mężczyzna odpowiedni dla . . . .
7. Podobała mu się bardzo pani Ziutka.
   Był zakochany w . . . .
8. Prezydent był jego przyjacielem.
   Był zaprzyjaźniony z . . . .
9. Przypominała z urody swoją matkę.
   Była podobna do . . . .
10. Rozwój dziecka zależy od witamin.
    Witaminy są istotne dla . . . . dziecka.

Exercise 115

Instructions as in exercise 112.

1. Spędziłem szczęśliwie cały dzień.
   To był szczęśliwy dla . . . . dzień.
2. Te warzywa mają dużo witamin.
   To są warzywa obfite w . . . .
3. On nie jest w stanie tego wykonać.
   To jest niewykonalne dla . . . .
4. Ten pies jest przyjacielem ludzi.
   To przyjazny pies dla . . . .

5. Twierdził, że ona jest niewinna.
 Był przeświadczony o jej . . . .
6. Uwielbiał nauki przyrodnicze.
 Był rozmiłowany w . . . .
7. Uwielbiał tę kobietę.
 Był zaślepiony w . . . .
8. Wszyscy byli zadowoleni z tej rozmowy.
 Rozmowa była korzystna dla . . . .
9. Wszyscy już przybiegli, a on jeszcze nie przybiegł.
 Przybiegł ostatni ze . . . .
10. Wymagał posłuszeństwa od pracowników.
 Był wymagający wobec swoich . . . .
11. Za ten przekaz nie ma żadnej opłaty.
 Ten przekaz jest wolny od . . . .

Exercise 116

Use the proper case required by the adjectives, as in the example.

Wszystko interesowało tego człowieka. Był on ciekawy **wszystkiego** (wszystko). Spragniony . . . . (wiedza), zaczął swoje studia w późnym wieku. Świadomy . . . . (to), że już nie nadąży za młodszymi kolegami, często czuł się winny . . . . (klęska), którą przewidywał w najbliższej przyszłości. Nigdy nie był pewny . . . . (kolejny dzień). Nieświadomy . . . . (swoja wartość) z dnia na dzień tracił wiarę w siebie. Powtarzał sobie, że jest wart . . . . (to). Nieraz był bliski . . . . (płacz). Zadawał sobie pytanie, czy jest żądny . . . . (silne wrażenia), czy też mu się tylko tak wydaje. To, że był ciągle głodny . . . . (miłość) nie dawało mu spokoju. Jak zaspokoić brak miłości? Jak wyjść z tego zaczarowanego kręgu, w którym głód, niepewność, ciekawość świata, nieświadomość, żądza mieszały się jak tłum ludzi opuszczających metro w Pradze?

Exercise 117

Use the proper case required by the adjectives, as in the example.

Bezczelny wobec **wszystkich** (wszyscy), blady z . . . . (nienawiść), obojętny wobec . . . . (to), co działo się wokół niego zdecydował, że jest gotowy do . . . . (walka). Zaślepiony w . . . . (miłość) do siebie, był zdolny teraz do . . . . (wszystko). Wydawało mu się, że nadszedł odpowiedni moment dla .... (realizacja) tego, o czym myślał od dawna. Przeświadczony o .... (słuszność) tego, postanowił być podobny do człowieka, który z góry wierzy w swoją wygraną. Przybrał minę człowieka, właściwą dla .... (ci), którzy niczego się nie bali. Był podobny do .... (wilk), zdecydowanego do .... (atak). W tym momencie sytuacja była korzystna dla .... (on). Gdyby tego nie zrobił, poczułby się ostatnim z .... (ostatni). Przeświadczony o .... (słuszna droga), którą wybrał i zadowolony z .... (sytuacja), pogodzony z .... (własne sumienie) zasiadł wygodnie za biurkiem i uruchomił komputer. To będzie znakomity tytuł powieści: *Rozmiłowany w* .... *(nienawiść)*. Na ekranie komputera napisał pierwsze zdanie: *Bezczelny wobec wszystkich, rozmiłowany w nienawiści, piękny dwudziestoletni...*

Exercise 118

Change sentences in column *B* as in the example.

Example:
A:
Byłeś blady ze złości?

B:
Ależ skąd! Ogarnęła mnie **nienawiść**.
→ Byłem **blady z nienawiści**.

Dialogi na dwie nogi

A.
Cecha charakterystyczna
dla tej epoki?

Chciwy na pieniądze?

Czerwony ze złości?

Gotowy do pracy?

Przeświadczony o zwycięstwie?

Zadowolony z pobytu?

B.
Ależ skąd! Mówimy o XX wieku.
To była cecha charakterystyczna dla
....

Ależ skąd! Interesowała go sława.
Był chciwy ....

Ależ skąd! Skłamał i wstydził się.
Był czerwony ze ....

Ależ skąd! Nie spał całą noc.
Był raczej gotowy do ....

Ależ skąd!
Odebrał to raczej jako porażkę.
Był przeświadczony raczej o ....

Ależ skąd!
Myślał cały czas o wyjeździe.
Był raczej zadowolony z ....

Zaślepiony w niej?   Ależ skąd! On myśli tylko o sobie.
　　　　　　　　　　 Jest raczej zaślepiony w ....
Oskarżony o kradzież?   Ależ skąd!
　　　　　　　　　　 On przecież kogoś zamordował.
　　　　　　　　　　 Jest oskarżony o ....
Wrażliwy na wysoką temperaturę? Ależ skąd!
　　　　　　　　　　 Mieszkał całe życie w Czadzie.
　　　　　　　　　　 Jest raczej wrażliwy na ....

Exercise 119

Use the proper cases with the preposition *na* following verbs of movement and verbs which indicate:
a) static situations,
b) a surface on which something is placed.

Example:
Jutro Janek ma imieniny. → Jutro pójdę **na** jego **imieniny**.
Wczoraj Janek miał imieniny. → Wczoraj byłem **na** jego **imieninach**.

1. Za dwa tygodnie mam tydzień **urlopu**.
   Za dwa tygodnie pojadę na ....
   Dwa tygodnie temu miałem **urlop**.
   Byłem na .... na Wyspach Karaibskich.
2. Ktoś dzwonił do drzwi.
   Musiałem zejść na ....., ponieważ pracowałem na pierwszym piętrze.
   Zszedłem szybko po schodach.
   Kiedy byłem na ...., zauważyłem sylwetkę listonosza.
3. Dostałem list polecony.
   Pobiegłem szybko na ....
   Przed okienkiem była długa kolejka.
   Czekałem na odbiór listu na .... ponad godzinę.
4. Jedna ściana w moim pokoju zaczęła pękać.
   Popatrzyłem na .... i pomyślałem, że trzeba coś zrobić.
   Znalazłem największy obraz w piwnicy.
   Powiesiłem ten obraz na ....
5. Kot kręcił się wokół krzesła, a potem wokół szafy.
   Po chwili wskoczył na ...., a potem na ....
   Zastanawiałem się, gdzie kot czuje się lepiej.
   Doszedłem do wniosku, że mój kot najlepiej czuje się na ....

Exercise 120

Use the proper case with the preposition *na* denoting duration.

Example:
>Nie będzie go tutaj przez cały rok.
>Na jak długo wyjechał? → Wyjechał **na rok**.

1. Dzisiaj jest poniedziałek.
   Mogę to zrobić za dwa dni.
   A więc, na kiedy pan to zrobi?
   Zrobię to na . . . .
2. Chodzę na treningi we wtorki i czwartki.
   Jak często chodzisz?
   Chodzę dwa razy na . . . .
3. Jechał z zawrotną szybkością.
   Jak szybko jechał?
   Jechał 180 km na . . . .
4. Przyjechał wczoraj i wyjeżdża jutro.
   Na jak długo przyjechał?
   Przyjechał na . . . .
5. On zostanie tutaj długo. Cały miesiąc.
   Na jak długo przyjechał?
   Przyjechał na . . . .

Exercise 121

Use the proper case with the preposition *na* as in the example.

Example:
>Dwa tygodnie temu miał pierwsze spotkanie z dziewczyną.
>→ Cieszył się bardzo **na to spotkanie**.

1. Dostał tydzień temu wiadomość, że otrzyma ważny list.
   Od kilku dni czekał na ten . . . .
2. Zupełnie przypadkowo ktoś sprawił mu przykrość.
   Przypadkowo naraził się na . . . .
3. Ktoś dał mu obietnicę, że dostanie dobrą pracę.
   Polegał na tej . . . .
4. Nie wierzył. Liczył, że zda egzamin przypadkowo.
   Zdał się zupełnie na . . . .
5. Rozróżniał w mig ludzkie charaktery.
   Ten człowiek znał się na . . . .

6. Lekarz radził mu zwracać uwagę na zdrowie.
   On zupełnie nie zważał na .... lekarza.

Exercise 122

Use the proper preposition and case required by the verbs below. Look at the example given in the first sentence.

Verbs:
chorować, czekać, kierować (się), liczyć, narazić się, narzekać, odpowiadać, patrzeć/patrzyć, spóźnić się, zdążyć, zdecydować się, zważać

1. Czołgi skierowały się **na miasto** (miasto).
2. Jesienią często chorujemy .... (grypa).
3. Liczyłem .... (pieniądze), które mi obiecano.
4. Nie lubiłem odpowiadać .... (pytanie) rodziców.
5. Nigdy nie spóźniłem się .... (lekcja) muzyki.
6. Nigdy nie zważał .... (rada) innych.
7. Ona zawsze narzekała .... (mąż).
8. Patrzyłem .... (dziewczyna) jak zaczarowany.
9. Wreszcie zdecydowałeś się .... (rozmowa) z mamą.
10. Wstałem późno i nie zdążyłem .... (pociąg).
11. Zwykle czekałem .... (on) po zajęciach.
12. Źle wykonałem swoją pracę i naraziłem się .... (zarzuty).

Exercise 123

Use the proper case required by the verbs accompanied by the preposition *o*, as in the example.

Verbs:
dowiedzieć się, mieć, mówić, myśleć, opowiadać, pamiętać, wiedzieć, wspominać, zapomnieć, bić się, dudnić, gniewać się, kłócić się, opierać się, prosić, przyprawiać, pytać, spotkać się, starać się, troszczyć się, umówić się, upominać się, walczyć, wyjechać, wytrzeć, zawadzać

Example:
  Kto mu przekazał tę wiadomość?
  → Dowiedział się **o śmierci** (śmierć) przyjaciela z dziennika telewizyjnego.

1. Czy on to kiedykolwiek zrozumie?
   On nie ma o .... (to) zielonego pojęcia.

2. Czy polityka go interesuje?
   On nie chce nawet mówić o .... (polityka).
3. Czy spotykasz się z tą dziewczyną?
   Nie chcę nawet myśleć o .... (ta dziewczyna).
4. Pamiętał wciąż okres wojny.
   Nie chciał nigdy opowiadać o .... (wojna).
5. Chyba nic nie wiedział na ten temat!
   Ależ nie! Wiedział doskonale o .... (to wydarzenie).
6. Wracał myślami do tego okresu?
   Nie. Nigdy nie wspominał o .... (ten okres).
7. Zapomniał już twoje imię.
   Nie. Nigdy nie zapomniał o .... (moje istnienie).
8. Dlaczego ci chłopi się biją?
   Oni ciągle biją się o .... (miedza).
9. To bardzo hałaśliwa ulica.
   Tak. Tutaj furmanki bez przerwy dudnią o .... (bruk).
10. Dlaczego oni się gniewają?
    Oni gniewają się o .... (wpływ) w rządzie.
11. Dlaczego oni ciągle się kłócą?
    On ciągle kłóci się o .... (samochód).
12. Jak on doszedł w takim stanie do domu?
    Opierał się o .... (płot) i jakoś doszedł do domu.
13. Chciałeś coś?
    Tak. Prosiłem cię o .... (herbata).
14. Dlaczego jesteś taki zrezygnowany?
    Ta wiadomość przyprawiła mnie o .... (zawrót) głowy.
15. Chce pan wiedzieć, ile to kosztuje?
    Tak. Pytam o .... (cena) już od kilku minut.
16. Dlaczego ciągle piszesz podania?
    Staram się o .... (stypendium).
17. Nie przejmujesz się naszym synem!
    Ty też nie troszczysz się o .... (nasz syn)!
18. Ciągle chcesz czegoś ode mnie.
    Tak. Upominam się o .... (moje pieniądze).
19. Dlaczego angażujesz się w politykę?
    Walczę o .... (wolność i sprawiedliwość).
20. Masz brudne buty!
    Nie mogłem ich wytrzeć o .... (słomianka), bo jej nie ma.
21. Czy ta szafa przeszkadza ci?
    Tak. Ciągle zawadzam o .... (ta przeklęta szafa).

22. O której się spotkamy?
   Spotkamy się o .... (godzina piąta).
23. O której się umówimy?
   Umówimy się o .... (zmierzch).
24. Kiedy wyjedziemy stąd?
   Wyjedziemy stąd o .... (świt).
25. Czy pamiętasz, że jutro jest spotkanie?
   Ależ tak! Pamiętam o .... (nasze spotkanie).

Exercise 124

Fill in the blanks using the proper case required by the preposition *po*, as in the example.

Example:
   Nie miał żadnego zajęcia.
   → Chodził **po pokoju** (pokój) bez celu.

1. Chcieliśmy zwiedzić całe Bieszczady.
   Przez dwa tygodnie chodziliśmy po .... (Bieszczady).
2. Chciał zostać marynarzem.
   Marzył o żeglowaniu po .... (morze).
3. Wszyscy wiedzieli o tym wydarzeniu.
   Wieść rozeszła się szybko po .... (miasto).
4. Są planety i są orbity.
   Planety krążą po .... (orbity).
5. Kochał ojca i całował jego ręce.
   Kochał ojca i całował go po .... (ręce).
6. Poczułem na plecach mokry pot ze strachu.
   Dreszcz przeszedł mi po .... (plecy).
7. To ciasto jest niesłodkie.
   Posyp trochę cukru po .... (wierzch).
8. Były nowe i stare domy.
   Stare domy stały po .... (prawa strona).
9. Kupiłem dziecku mały pociąg i szyny.
   Kupiłem dziecku pociąg jeżdżący po .... (szyny).
10. Przed rusztowaniem stał człowiek.
   Po chwili wdrapał się po .... (rusztowanie) na dach domu.
11. Był znanym wykładowcą w wiejskich klubach.
   Jeździł po .... (wsie) z wykładami.
12. Nie mogłem znaleźć jednego dokumentu.
   Przez trzy godziny grzebałem po .... (szafy).

13. Dzieci dostawały dziennie szklankę mleka i bułkę.
    Dzieci dostawały po .... (szklanka) mleka i po .... (bułka).
14. Nikt nie kupował mąki w sklepach.
    Wszyscy kupowali mąkę na targu po .... (niskie ceny).
15. Mówił, i nagle przestał mówić.
    Zaczął mówić dopiero po .... (dłuższa chwila).
16. Wyszedł, i wrócił za 15 minut.
    Zjawił się po .... (upływ) kwadransa.
17. Była mroźna zima, a potem wiosna.
    Po .... (zima) nastąpiła wiosna.
18. Najpierw zjemy kolację, a potem porozmawiamy.
    Porozmawiamy dopiero po .... (kolacja).
19. W dzień pracował, a uczył się w nocy.
    Miał ciężki egzamin i musiał uczyć się po .... (noce).
20. W tej beczce wcześniej było piwo.
    To jest beczka po .... (piwo), i ma jeszcze zapach piwa.
21. Zobaczyłem stertę puszek z napisem coca-cola.
    Przy drogach leżały sterty puszek po .... (coca-cola).
22. Ten pierścionek dostałam od babci.
    Ten pierścionek mam po .... (babcia).
23. Ona jest tak piękna jak jej matka.
    Ona ma urodę po .... (matka).
24. W rodzinie rządził dziadek i matka.
    Matka była najważniejsza po .... (dziadek).
25. Był trzeci. Pierwszy był Francuz, drugi Turek.
    Był trzeci po .... (Francuz) i po .... (Turek).
26. Najpierw zjemy deser, potem wypijemy kawę.
    Kawę pije się po .... (deser).
27. Śmiała się jak nikt.
    Szybko poznał ją po .... (śmiech).
28. Wiem od kogo jest ten list. Znam to pismo.
    Poznaję listy po .... (pismo).
29. Masz w oczach dziwny smutek.
    Poznaję twój stan psychiczny po .... (oczy).
30. Czuć było zapach ciasta.
    Poznałem po .... (zapach), że mama coś piecze.

Exercise 125

Fill in the blanks using the proper case required by the preposition *po*, as in the example.

Example:
> Brakowało mu chleba.
> → Musiał pójść do sklepu **po chleb**.

1. Woda była bardzo płytka w tym basenie.
   Woda sięgała jedynie po . . . . (kolana).
2. Pracował do końca swojego życia.
   Pracował aż po . . . . (ostatnie tchnienie).
3. Ojciec powiedział: „Idź i przynieść piwo ze sklepu".
   Ojciec wysłał mnie po . . . . (piwo).
4. Matka była chora.
   Pobiegłem szybko po . . . . (lekarz).
5. Chciał ode mnie rady.
   Przyszedł do mnie po . . . . (rada).
6. Chciałem kupić bilet, a była duża kolejka.
   Stałem w kolejce po . . . . (bilet).

Exercise 126

Fill in the blanks using proper lexicalized expressions with the preposition *po*, as in the example.

Expressions:
po cichu, po dziecinnemu, po francusku, po góralsku, po koleżeńsku, po ludzku, po mistrzowsku, po ojcowsku, po pijanemu, po polsku, po prostu, po staremu, po swojemu, po trzeźwemu, po złotemu (pot.)

Example:
> Zagrał tę etiudę lepiej niż jego mistrz.
> → Zagrał tę etiudę **po mistrzowsku**.

1. Co za okropni ludzie w tym kraju.
   Niczego tutaj nie da się załatwić . . . .
2. Jesteś pijany i nie będę z tobą rozmawiać!
   Dobrze. Powiem ci to . . . .
3. Najlepszy barszcz robią w Polsce.
   Najlepszy barszcz to barszcz . . . .
4. Najlepszy twaróg jadłem w górach.
   Uwielbiam twaróg przyrządzany . . . .

5. Nigdy nie słuchała rad innych.
   Wszystko robiła ....
6. Obraził kobietę, a potem nic nie pamiętał, bo był pijany.
   Obraził kobietę ....
7. Po ile są dzisiaj róże?
   Dzisiaj róże są ....
8. Potraktował mnie jak ojciec, chociaż był mi obcy.
   Potraktował mnie ....
9. Spakował walizki i zniknął.
   Co się z nim stało? .... zniknął.
10. Wolę język francuski niż angielski.
    Wolę mówić ....
11. Wróciłem po 2 latach i nic się nie zmieniło.
    Wszystko było ....
12. Wszedł w taki sposób, że nikt go nie zauważył.
    Wszedł ....
13. Załatwmy tę sprawę jak koledzy.
    Załatwmy tę sprawę ....
14. Zachował się jak dziecko.
    Zachował się ....
15. Zagrałeś tego mazurka jak prawdziwy artysta.
    Zagrałeś go ....

Exercise 127

Fill in the blanks using the proper case required by the verbs accompanied by the preposition *w*, as in the example.

Verbs:
angażować się, iść, jechać, obfitować, obrócić się, patrzeć/patrzyć, połamać, przemienić się, puścić się, rozpaść się, spojrzeć, ubrać się, uderzyć się, wbić, wierzyć, wpaść, wyposażyć

Example:
   Interesowała go polityka.
   → Angażował się **w politykę**.

1. Chciał zawiesić obraz na ścianie. W ręku miał gwóźdź.
   Wbił gwóźdź w ....
2. Była okropna pogoda.
   Powiedział: Nie mogę iść w taką ....

3. Tam gdzie jechał, to był dla niego nieznany kraj.
   Jechał w ....
4. Systematycznie w tym regionie padał deszcz.
   Ziemia obfitowała w ....
5. Po tym budynku został tylko popiół.
   Budynek obrócił się w ....
6. Przed nami była góra i coś dziwnego u jej szczytu.
   Wszyscy patrzyliśmy w ....
7. Z krzesła pozostały tylko kawałki drewna.
   Ktoś połamał krzesło w ....
8. W tej bajce z ludzi zrobiono zwierzęta.
   Przemieniono ludzi w ....
9. Miał ochotę zatańczyć ten taniec.
   Poprosił najlepszą tancerkę i puścił się z nią w ....
10. Po starym zamku pozostały tylko gruzy.
    Zamek rozpadł się w ....
11. Chciał zobaczyć swoją twarz. Wziął lustro.
    Spojrzał w .... i się przeraził, widząc swoją twarz.
12. Wyjęła z szafy futro.
    Ubrała się w ....
13. Pochylił głowę i się uderzył. Zabolało go czoło.
    Uderzył się w ....
14. Dla niego Bóg miał największe znaczenie.
    Wierzył tylko w ....
15. Przed nim był dół, którego nie zauważył.
    Wpadł w ....
16. Zdecydowano kupić komputery.
    Od wczoraj wyposażyli nasz zakład w ....

Exercise 128

Fill in the blanks in sentences referring to time (days of the week, months, seasons), using the proper case required by the preposition *w*, as in the example.

Example:
    Kiedy się spotkamy?
    W pierwszy dzień tygodnia. → Spotkamy się **w poniedziałek**.
    numer miesiąca: I → Spotkamy się **w styczniu**.
    pora roku: zima → Spotkamy się **w zimie**.

1. **Kiedy się spotkamy?**
   W drugi dzień tygodnia.   Spotkamy się w(e) ....
   numer miesiąca: II   Spotkamy się w ....
   pora roku: zima   Spotkamy się w ....

2. **Kiedy się spotkamy?**
   W trzeci dzień tygodnia.   Spotkamy się w(e) ....
   numer miesiąca: VI   Spotkamy się w ....
   pora roku: lato   Spotkamy się w ....

3. **Kiedy się spotkamy?**
   W czwarty dzień tygodnia.   Spotkamy się w(e) ....
   numer miesiąca: XI   Spotkamy się w ....
   pora roku: jesień   Spotkamy się w ....

4. **Kiedy się spotkamy?**
   W piąty dzień tygodnia.   Spotkamy się w(e) ....
   numer miesiąca: VIII   Spotkamy się w ....
   pora roku: lato   Spotkamy się w ....

5. **Kiedy się spotkamy?**
   W szósty dzień tygodnia.   Spotkamy się w(e) ....
   numer miesiąca: IX   Spotkamy się w(e) ....
   pora roku: jesień   Spotkamy się w ....

6. **Kiedy się spotkamy?**
   W siódmy dzień tygodnia.   Spotkamy się w(e) ....
   numer miesiąca: XII   Spotkamy się w ....
   pora roku: zima   Spotkamy się w ....

===== **Exercise 129** =====

Fill in the blanks in sentences referring to time, period, moment, or event, using the proper case required by the preposition *w*, as in the example.

Example:
   Kiedy urodziła się twoja babcia?
   → Moja babcia urodziła się w 1910 roku.
   → Moja babcia urodziła się **w tysiąc dziewięćset dziesiątym roku**.

1. Kiedy spotkaliście się po raz pierwszy?
   Spotkaliśmy się po raz pierwszy w 1995 roku.
   Spotkaliśmy się w tysiąc dziewięćset ....

2. Kiedy urodził się twój pradziadek?
   Mój pradziadek urodził się w XIX wieku.
   Mój pradziadek urodził się w ....
3. To była noc sylwestrowa?
   Tak. Spotkaliśmy się w ....
4. Miałeś wtedy urlop?
   Tak. Spotkaliśmy się w .... (czas) urlopu.
5. Powiedział ci to, kiedy był ślub?
   Tak. Powiedział mi to w .... (dzień) ślubu.
6. Wyjechaliście, kiedy padał deszcz?
   Tak. Wyjechaliśmy w .... (niepogoda).
7. Nie uczyłeś się, kiedy byłeś młody?
   Nie. Nie chciało mi się uczyć w .... (młodość).
8. Zrobiliście to w ciągu godziny?
   Tak. W .... (godzina) było po wszystkim.
9. Pomagaliście jej, kiedy była chora?
   Tak. Pomagaliśmy jej w .... (choroba).
10. Przyjechał o godzinie dwunastej?
    Tak. Przyjechał w samo .... (południe).

Exercise 130

Fill in the blanks using the proper case required by the preposition *w* defining a state of a person or thing, as in the example.

Example:
   Siedział i milczał.
   → Siedział **w milczeniu**.

1. W lesie pozostały tylko pnie drzew.
   Ktoś wyciął las w ....
2. Biegli, i biegnąc minęli się.
   Minęli się w ....
3. Był nędzarzem przez całe życie.
   Żył całe życie w ....
4. Była przez całe życie samotna.
   Żyła w ....
5. Był sławny i pokazywał to wszystkim.
   Chodził w ....
6. Polskie gumowce były modne i wszyscy je kupowali.
   Gumowce polskie były w ....

7. Cena pietruszki w tym roku była wyjątkowo wysoka.
   Pietruszka w tym roku była w ....
8. Koń cwałował, bo się przestraszył ciężarówki.
   Koń puścił się w ....
9. Prawie całe dnie spędzała bez ruchu.
   Ta kobieta całe dni siedzi w ....
10. Uparł się i nie chciał zmienić zdania.
    Trwał od wielu lat w ....

Exercise 131

Fill in the blanks using the proper case required the preposition *między* and verbs of movement with the prefix *w*, as in the example.

Example:
   Były drzewa. Szedł w kierunku drzew.
   → Wszedł **między drzewa**.

1. Były wysokie bloki. Biegł w kierunku wysokich bloków.
   Wbiegł między ....
2. Były dwie książki. Chciał schować dwa dokumenty.
   Wcisnął dokumenty między ....
3. Siedział w zatłoczonym przedziale. Miał niewielki bagaż.
   Włożył bagaże między .... (kolana).
4. Stały dwa samochody. Po chwili pojawił się fiat.
   Fiat wjechał między ....
5. Była grupa kobiet. Potem pojawił się jakiś mężczyzna.
   Mężczyzna wszedł między ....

Exercise 132

Fill in the blanks using the proper case required by the preposition *między* and verbs denoting static situations, as in the example.

Example:
   Były drzewa. Szedł w kierunku drzew.
   → Stanął **między drzewami**.

1. Były wysokie bloki. Biegł w kierunku wysokich bloków.
   Zatrzymał się między ....
2. Były dwie książki. Chciał znaleźć dwa dokumenty.
   Dokumenty leżały między ....

3. Siedział w zatłoczonym przedziale. Miał niewielki bagaż.
   Trzymał bagaże między................................ (kolana).
4. Stały dwa samochody. Po chwili pojawił się fiat.
   Kierowca fiata znalazł miejsce między........................ .
5. Była grupa siedzących kobiet. Potem pojawił się jakiś mężczyzna.
   Mężczyzna siedział między..................................... .

Exercise 133

Fill in the blanks using the proper case required by the preposition *między* and verbs indicating that someone or something is in the space between two objects.

Example:
   Było okno, była szafa i był stół.
   → Stół stał **między oknem** a szafą.

1. Miał do wyboru: pracę i rodzinę.
   Musiał wybrać między............. a.................. .
2. Z jednej strony była łąka, a z drugiej las.
   Szedł między................. a.................. .
3. Choć ogarniała go rozpacz, czasami miał nadzieję.
   Żył między................ a................ .
4. Nie mógł zdecydować się: on czy ja.
   Nie mógł się zdecydować między............... a............ .
5. Działo się to w latach 1914-1939.
   Działo się to między............. a............ wojną światową.
6. Będę wolny od drugiej do czwartej.
   Będę wolny między.................. a.................... .
7. To jest dziwny kolor. Ani brązowy, ani żółty.
   To był kolor między.................. a..................... .

Exercise 134

Fill in the blanks using the proper case required by the preposition *nad* which accompanies:
a) verbs of movement and indicates a destination point (direction),
b) verbs denoting static situations,
c) verbs which indicate a place where something/someone is located.

Example:
   Co?! Jezioro Genewskie...?   Jutro jadę nad Jezioro Lemańskie.
   → Dwa lata temu byłem **nad Jeziorem Lemańskim**.

1. Co?! Brzeg rzeki...?	Jutro jadę nad .... rzeki.	Spędziłem wczoraj cały dzień nad .... rzeki.
2. Co?! Morze...?	Jutro jadę nad	Wynudziłem się dość nad ....
3. Co?! Burza i miasto...?	Burza idzie nad ....?	Wczoraj też przeszła burza nad ....
4. Co?! Rzeka...?	Jutro jadę nad	Ja mieszkam nad ....!
5. Co?! Jezioro?	Jutro jadę nad	Spacerowaliśmy już nad ....
6. Co?! ocean?	Jutro jadę nad	Nigdy nie byłem nad ....!

Exercise 135

Fill in the blanks using the proper case required by the preposition *pod*
which accompanies:
a) **verbs of movement,**
b) **verbs denoting static situations.**

Example:
> W pokoju był pies i był stół.
> → Pies wszedł **pod stół** i siedział chwilę **pod stołem**.

1. Był mężczyzna i było drzewo.
   Mężczyzna schował się pod .... i stał chwilę pod ....
2. Była grupa ludzi, a dalej była wielka góra.
   Część ludzi stała pod ...., a druga część wchodziła pod ....
3. Była szafa. Chciałem schować gdzieś list.
   Włożyłem list pod ...., a potem zapomniałem, że list był pod ....
4. Padał deszcz. Na placu był duży parasol.
   Wszedłem pod .... i stałem pod ....
5. Na łóżku była kołdra.
   Wcisnąłem się pod .... i było mi ciepło pod ....

Exercise 136

Fill in the blanks using the proper case required by the preposition *pod* which forms expressions defining location in the vicinity of something conspicuous by its size or height.

Example:
　　　Przed nami był dom, a za domem las.
　　　→ Dom stał **pod lasem**.

1. Nasza wieś leżała 3 km od Krakowa.
　　Była to najładniejsza wieś pod . . . .
2. Pomnik w tym mieście był miejscem spotkań.
　　Jutro spotkamy się pod tym . . . .
3. Grunwald! Tutaj była słynna bitwa.
　　Bitwa pod . . . . miała miejsce w 1410 roku.
4. Bardzo chciałbym mieszkać w Warszawie.
　　A ja wolę mieszkać pod . . . .
5. Tam jest twój dom?
　　Odprowadziłem ją i stanęliśmy pod jej . . . .

Exercise 137

Fill in the blanks using the proper case required by the preposition *pod* which forms expressions defining location in the vicinity of something conspicuous by its size or height, and accompanies verbs of movement. Look at the example given in the first sentence.

1. Zaplanowaliśmy wycieczkę do Krakowa.
　　Podjechaliśmy **pod Kraków** i zepsuł nam się samochód.

2. Pomnik w tym mieście był miejscem spotkań.
　　Podszedłem pod . . . . i zatrzymałem się tam na chwilę.
3. Grunwald! Tutaj była słynna bitwa.
　　Wojska polskie zbliżały się pod . . . .
4. Bardzo chciałbym mieszkać w Warszawie.
　　Wkrótce wyjedziemy do Konstancina pod . . . .
5. Tam jest twój dom?
　　Odprowadziłem ją pod jej . . . . i rozmawialiśmy przez chwilę.

Exercise 138

Fill in the blanks using the proper case required by the preposition *poza* which accompanies:
a) verbs of movement which denote a direction beyond the point or limit defined by a noun, or direction out of an enclosed space,
b) verbs denoting static situations and places outside an enclosed space, farther than locations defined by nouns.

Example:
    Wyjechaliśmy poza miasto.
    → Spędziliśmy trzy dni wolne od pracy **poza miastem**.

1. Harcerze byli w obozie, a potem wyszli poza . . . .
Harcerze pracowali cały dzień poza . . . .
2. Przed nami była brama. Wyjechaliśmy poza . . . .
Poza . . . . była pusta przestrzeń.
3. Przed nami granica państwa. Wyszliśmy poza . . . .
Poza . . . . państwa był las.

Exercise 139

Fill in the blanks using the proper case required by the preposition *przed* following verbs of movement and verbs denoting static situations, as in the example.

Example:
    Była chora i siedziała cały czas w domu.
    → Miała ochotę wyjść **przed dom**.
    → Kiedy poczuła się lepiej, spędzała kilka godzin **przed domem**.

1. Moim punktem docelowym była ta góra.
Zajechałem samochodem przed tę . . . .
Stanąłem przed tą . . . . i zacząłem się jej przyglądać.
2. Mieszkam w hotelu *Cracovia*.
Taksówka podjechała przed . . . .
Kiedy taksówkarz zatrzymał się przed . . . ., spojrzałem na licznik.
3. Celem pochodu manifestacji był urząd miasta.
Manifestujący chcieli iść przed . . . . miasta.
Przed . . . . miasta zatrzymali ich policjanci.

4. Stał w kolejce w banku już godzinę.
   Zmęczony wyszedł przed . . . .
   Zauważył przed . . . . swojego kolegę.
5. To była jego szkoła.
   Podjechali przed . . . . i zatrzymali się przed . . . .

Exercise 140

Fill in the blanks using proper cases required by the preposition *za* which accompanies:
a) **verbs of movement,**
b) **verbs denoting static situations,**
c) **verbs with the following meanings:** *być odpowiedzialnym za..., dziękować/podziękować za..., kryć się za..., leżeć za..., oddawać/oddać coś za..., przebierać się/przebrać się za..., stawać/stanąć za..., tęsknić za...*

Example:
> Pochód wyszedł za miasto.
> ⟶ Pochód stanął **za miastem**.

1. Schowałem obraz za szafę.
   Mój obraz był teraz za . . . .
2. Samochód zatrzymał się za domem.
   Samochód zajechał za . . . .
3. Kot stoi za biurkiem.
   Kot schował się za . . . .
4. Za oknem padał deszcz.
   Spojrzałem za . . . . i zauważyłem kałużę wody.
5. Człowiek wypadł za burtę.
   Zobaczyłem tonącego za . . . .
6. Mieszkałem za lasem.
   Słońce schowało się za . . . .
7. Wywędrował za morze.
   Za tym . . . . były tylko skaliste góry.
8. Stanął za drzewem.
   Schował się za . . . .
9. Wyrzuciłem go za drzwi.
   Po chwili znalazł się za . . . .
10. Rzuciłem książkę za łóżko.
    Książka leżała za . . . .
11. Tęskniła za Jankiem.
    Za . . . . mogła oddać swoje życie.

12. Była odpowiedzialna za swoje dziecko.
    Za swoje .... mogła oddać życie.
13. Tęskniłem za mamą.
    Za .... mogłem oddać swoje życie.
14. Podziękowałem jej za miły telefon.
    Za .... wisiało właśnie jej zdjęcie.
15. Przebrała się za mężczyznę.
    Za tym .... stanął drugi przebrany mężczyzna.
16. Uchodził za specjalistę.
    Za tym .... kryła się olbrzymia wiedza.

Exercise 141

Fill in the blanks using the proper case required by the preposition *za* which denotes that:
a) **something is happening at a definite time,**
b) **something will be happening after some time,**
c) **something will be happening right after another action.**

Example:
moje młode lata   **Za moich młodych lat** tego nie było.
dwa miesiące   Spotkamy się **za dwa miesiące**.
każdy raz   **Za każdym razem** płakałem.

1. *panowanie*   Za .... króla było lepiej.
   godzina   Wyjdziemy stąd za ....
   każdy wybuch   Podskakiwała za ....

2. *rządy*   Za .... prezydenta X było lepiej.
   miesiąc   Pojadę na wakacje za ....
   raz   Raz za .... słychać było uderzenie młota.

3. *królowanie*   Za .... Sasa było lepiej.
   chwila   Zadzwonię za ....
   każde podejście   Oblewał egzamin za ....

Exercise 142

Fill in the blanks using the proper case required by the preposition z accompanying verbs which denote:
a) motion directed outward,
b) action involving two participants.

Example:
> Moja koleżanka przyjechała z Ameryki.
> → Rozmawiałem **z koleżanką**, która przyjechała z Ameryki.

1. Mój kolega pochodzi z Azji.   Studiowałem z................., który pochodzi z Azji.
2. Ludzie wychodzili z kościoła.   Stałem przed kościołem z........, którzy wyszli z kościoła.
3. Zsiadłem z konia.   Szedłem z................ aż do miejsca, gdzie była stadnina koni.
4. Janek wyszedł z zebrania.   Dyskutowałem z................, który wyszedł z zebrania.
5. Mama wstała z łóżka.   Śmiałem się razem z............., która wstała z łóżka.

Exercise 143

Fill in the blanks using the proper case required by the preposition z or za in expressions, as in the example.

Example:
> Miał dobre serce.
> → Kochał **z całego serca**.

1. Miała takie same oczy jak matka.
   Z.................................... była podobna do matki.
2. W tym mieście było mnóstwo zabytków.
   To miasto było znane z.................................... .
3. Był zażenowany. Wykonywał dziwne ruchy rąk.
   Nie wiedział co zrobić z.................................... .
4. Nie musiał jeść obiadu. Wystarczył mu papieros.
   Papieros starczał mu za.................................... .
5. Nie mogę go pożegnać. Pożegnaj go w moim imieniu.
   Pożegnaj go za.................................... .
6. Jadł tyle, że wystarczyłoby dwom osobom.
   Jadł za.................................... .

7. Myślał, że jestem durniem.
   Uważał mnie za . . . .
8. Ogarnął go entuzjazm podczas pracy.
   Pracował z . . . .
9. Lubiła bardzo słodycze.
   Przepadała za . . . .
10. Wreszcie znalazł się w trudnej sytuacji.
   Wreszcie miał się z . . . .

PART III   ANSWER KEY

Exercise 1
1. Jako
2. jak
3. jak
4. jak
5. niby
6. niby
7. jak

Exercise 2
1. na skutek/wskutek
2. blisko/koło
3. mimo
4. z/spośród
5. podczas/w czasie/w trakcie/w ciągu
6. obok/blisko/koło
7. do
8. spod
9. bez
10. według
11. dookoła/dokoła/wokół/wokoło
12. pośrodku
13. spod
14. spod
15. od
16. dla
17. Z
18. do
19. wokół/wokoło
20. spod
21. zza
22. znad
23. powyżej
24. u
25. obok
26. spoza
27. sprzed
28. pośród
29. z/na skutek/wskutek
30. obok
31. od
32. wokół/wokoło/dookoła
33. obok
34. naprzeciw a. naprzeciwko
35. według
36. wokół/wokoło
37. około
38. Zamiast
39. oprócz
40. oprócz
41. wobec

Exercise 3
1. przeciwko/przeciw
2. wbrew
3. Na przekór
4. przeciw/przeciwko
5. dzięki
6. ku
7. Wbrew
8. ku
9. Dzięki

Exercise 4
1. po
2. na
3. o
4. w
5. nad
6. na
7. na
8. o
9. pomiędzy/między
10. w
11. za
12. za
13. przed
14. ponad

15. nad
16. o
17. między
18. w
19. pod
20. na
21. w
22. przez

Exercise 5
1. Między
2. zgodnie z
3. Nad
4. między
5. w porównaniu z
6. z
7. przed
8. Nad
9. Między
10. za
11. Za
12. poza
13. Pomiędzy/Między
14. Ponad
15. pod

Exercise 6
1. na
2. o
3. na
4. po
5. o
6. przy
7. w
8. Po
9. przy

Exercise 7
1. Jako
2. jak
3. jak
4. jak
5. niby
6. niby
7. jak
8. Dookoła/Dokoła
9. na skutek/z powodu
10. blisko/obok/koło
11. mimo
12. spośród
13. podczas
14. koło/blisko
15. do
16. spomiędzy
17. bez
18. według
19. dokoła/dookoła

Exercise 8
1. pośrodku
2. spod
3. spod
4. od
5. dla
6. Z
7. do
8. wokół
9. spod
10. zza
11. znad
12. za
13. u
14. obok/blisko/koło
15. zza/spod
16. sprzed
17. wśród
18. na skutek
19. obok
20. od

Exercise 9
1. dookoła/wokół
2. blisko/koło/obok
3. obok/blisko/koło
4. według
5. wokół
6. około
7. Zamiast
8. prócz
9. prócz
10. wobec
11. wbrew
12. przeciw/przeciwko
13. wbrew
14. Na przekór
15. przeciw
16. dzięki
17. ku
18. Wbrew
19. ku
20. Dzięki

Exercise 10
1. pod/na
2. po
3. na
4. o
5. w
6. nad
7. na
8. na
9. o
10. między/pomiędzy
11. w
12. za
13. za
14. przed
15. ponad
16. nad/za
17. o
18. między
19. w
20. pod

Exercise 11
1. na
2. w
3. przez
4. przed/za
5. Pomiędzy/Między
6. zgodnie z
7. Nad
8. między
9. W porównaniu z
10. z
11. przed
12. Nad
13. między
14. za
15. Poza/Za
16. poza
17. Między/Pomiędzy
18. Nad
19. za/pod
20. o

Exercise 12
1. na
2. o
3. na
4. po
5. o
6. przy/(o)
7. w
8. Po
9. przy
10. przy

Exercise 13

Zdecydowałem, że powinienem pobyć chwilę na powietrzu. Po prostu na dworze, zamiast siedzieć całymi dniami na tapczanie. Zdecydowałem najpierw wyjść na podwórko i rozejrzeć się, czy gdzieś jest trawa. Tak chętnie położyłbym się na trawie. Miałbym na sobie jedynie podkoszulek, a marynarkę zawiesiłbym na jakimś drzewie i leżąc, patrzyłbym na niebo. Tak jak wtedy, trzy lata temu, kiedy byłem na Mazurach. Pojechałem wtedy na Mazury pełen entuzjazmu. Pracowałem tam na polu, a po południu odpoczywałem. Kiedy przyjechałem na miejsce, było bardzo ciepło. Po wyjściu z autobusu stałem chwilę na deszczu, bo nie wiedziałem dokąd pójść. Wiedziałem tylko, że mój znajomy mieszka w małym, niebieskim domku, którego okna wychodzą na ogród. Skierowałem się więc na północ i po chwili wszedłem na kamienne schody, które prowadziły donikąd. Czas upływał mi na rozglądaniu. Pomyślałem sobie, że mam dość czasu, ponieważ przyjechałem tutaj aż na miesiąc. Była godzina dziesiąta, a ja umówiłem się z moim znajomym na godzinę trzecią. Wspinając się po schodach, na pierwszy rzut oka wydawało mi się, że nie ma już niczego. Okazało się jednak, że tam gdzie kończyły się schody, był rów głęboki na trzy metry. Przestraszyłem się. Stanąłem jak wryty. Nie mogłem jednak czekać tutaj do zmierzchu, gdyż umówiłem się na konkretną godzinę. Spojrzałem na niebo. Zanosiło się na deszcz. Przed chwilą jeszcze cieszyłem się na to spotkanie, a teraz, masz. Zaczynam narzekać na niewygody. Na omszałych kamiennych schodkach nie mogę przecież zdać się na przypadek. Nikt tutaj nie pojawi się na zawołanie. Nie mam na co liczyć. Pomyślałem: „Gdybym tak miał fotel na kółkach". Nie byłem odporny na upał, a ze strachu nie zauważyłem, że słońce grzeje mnie coraz bardziej w czułe miejsca na głowie, na której było niewiele włosów. – „A może tak zawołałbym kogoś na ratunek?" – pomyślałem. Byłem przecież od samego rana na czczo. Nic nie jadłem od rana. „To mi wyjdzie na dobre" – znowu pomyślałem. Miałem nadzieję, że nie zostanę tutaj na zawsze, bo przecież przyjechałem na Mazury na krótko, tylko na wakacje, a nie na całe życie. Usiadłem, potem położyłem się na wznak. Znikąd żadnej pomocy. Przede mną rów na trzy metry. Krzyknąłem: Ratunku!!! Przetarłem oczy. To był okropny sen. Wstałem z tapczanu. Otworzyłem okno na oścież. Wyszedłem na balkon. Położyłem się na balkonie, na brzuchu, z rękoma na oczach, żeby zapomnieć ten okropny sen. Nie miałem ochoty wyjść na zewnątrz.

Exercise 14

Tęsknię po przebywaniu wśród tych wszystkich zwariowanych ludzi, którzy biegną do metra, wskakują do autobusów, umykają przed motocyklami, wyskakują z autobusów i tkwią w korkach ulicznych, podziwiają te wszystkie pomniki w tych absurdalnych parkach. Jakże mi brak podejrzanych damulek z Placu de la Concorde. Hiszpania w mojej wyobraźni była całkiem inna. Zdaje się, że mogłabym pozostać na zawsze w Hiszpanii – gdybym wcześniej nie zobaczyła Paryża (...). Teraz przebywam na Majorce, i byłby to prześliczny zakątek, gdyby utopić w morzu te wszystkie emerytowane wdowy i zabronić im popijania Martini Dry. Naprawdę, czegoś takiego w życiu nie widziałam. Jak te stare baby żłopią i robią oczy do każdego mężczyzny, a w szczególności do takich koło (blisko) osiemnastu lat (...). Być może jest to rzut oka na moją przyszłość. Jedyna trudność polega na tym, że zanadto sama się cenię (...). Dałam się namówić pewnej angielskiej rodzinie, którą poznałam w Barcelonie, na nudną wyprawę do Sewilli. Chcą mnie zabrać na walkę byków. Przez cały czas mojego pobytu jeszcze tego nie widziałam. Są sympatyczni. On jest czymś w rodzaju poety w BBC (...). Mają postrzelonego synka, który ubzdurał sobie, że się we mnie zakochał. Jest zbyt angielski i o wiele, wiele za młody. A więc jutro wyjeżdżamy na dziesięć dni. Oni wracają następnie do Anglii, a ja do Ciebie!

Exercise 15

– Dlaczego biegasz cały dzień po polu?
– Nie biegałem po polu, ale biegałem po lesie. – Biegałeś sam po lesie?
– Nie. Byłem w pokoju u kolegi. – W pokoju u kolegi biegałeś po lesie? To niemożliwe. Co ty opowiadasz? – Mój kolega ma w pokoju sztuczny las. A pokój ma w ogromnym domu. Taki jak nasze mieszkanie, mieszkanie Grochala i jeszcze tego jednego sąsiada, Nęgi. – Twój kolega ma sztuczny las, a w lesie dywan. – Oczywiście, że ma dywan. Ma tam też kamienie, sztuczne błoto. – Wyobrażam sobie, jak skakaliście po kamieniach, chodziliście po sztucznym błocie i stąpaliście delikatnie po nowym dywanie. – Jest jeszcze piasek i sztuczna trawa. Biegaliśmy po trawie i po piasku. – Coś mi się wydaje, że jego ojciec kupił mu cały las z wyposażeniem. – Szkoda, że nie ma tam gór... – Przecież ty nie lubisz chodzić po górach. Byliśmy raz w górach i strasznie narzekałeś, że bolą cię nogi. – Po prawdziwych górach to ja chodzić nie lubię, ale po sztucznych mógłbym spacerować. – A czy nad lasem było sztuczne niebo?
– Oczywiście. Było sztuczne niebo i były sztuczne chmury, które płynęły po niebie. – Pewnie już wszyscy wiedzą w okolicy o tym sztucznym lesie.

– Oczywiście, wieść rozeszła się jak błyskawica po okolicy. Niektórzy mówią, że tam można też zbierać grzyby. – Grzyby? Można iść na grzyby do sztucznego lasu? – Nie wierzę! – Dlaczego drapiesz się po głowie? Nie wierzysz? – Dreszcz mi przeszedł po plecach, kiedy zauważyłam, jak łatwo daję się wciągnąć w twój wymyślony świat. – A wiesz, co jest po drugiej stronie ulicy? – To ulica też jest w tym lesie? – Idzie się w kierunku ulicy po kładce. – A przed kładką jest drabina, co? – Skąd wiesz? Rzeczywiście wchodzi się na kładkę po drabinie. – Szkoda, że nie ma liny. Ludzie mogliby się wspinać po linie. – Mamo! Co ty opowiadasz! Po linie można wspinać się, ale w górach! – No dobrze. A teraz idź do sklepu po gazety dla ojca. Ojciec wraca po pracy zawsze zmęczony i po obiedzie lubi sobie poczytać. Nie rozglądaj się po pokoju. Portfel jest jak zwykle w słoiku po musztardzie. – Dobrze. Już idę. A dasz nam po kawałku tortu po obiedzie? – Tort zjemy dopiero po kolacji. Pospiesz się! Ojciec jest już przed domem. Poznaję go po głosie.

Exercise 16

Spotkaliśmy się pod koniec miesiąca. Miało się już pod jesień. Na drzewach było coraz więcej żółto-złocistych liści. Skierowaliśmy się pod największe drzewo w niewielkim parku. Stanęliśmy pod tym największym drzewem, pod którym leżały już pierwsze żółto-złociste liście. Kiedy ruszyłem nogą, zobaczyłem, że pod liśćmi spały niewielkie robaki, leniwe i ospałe. „Popatrz – powiedziałem do kolegi – jakie okropne robaki". Kolega nie miał niczego pod ręką. Zaczął szukać kawałka uschniętej gałęzi. „Leżą jak pod kołdrą" – odezwał się po chwili, wciąż szukając kawałka gałęzi. Kiedy odwróciłem głowę, był już na drzewie i trzymał się rękoma za gałąź z nogami wiszącymi w powietrzu. Pod ciężarem jego ciała cała gałąź się złamała. Teraz leżał bez ruchu pod drzewem. Stanąłem nad nim i popatrzyłem mu prosto w oczy. On popatrzył na mnie pod światło słońca i oślepiony promieniami słonecznymi przymrużył oczy. „Urodziłeś się pod szczęśliwą gwiazdą – powiedziałem ze smutkiem w głosie. Gdyby nie liście leżące pod drzewem, mógłbyś połamać sobie wszystkie kości". – „Lepiej spaść niż wpaść pod samochód" – odpowiedział na moją uwagę.

Exercise 17
2. pod
3. pod
4. pod
5. pod
6. pod
7. pod
8. pod
9. pod
10. pod

Exercise 18
1. rozkoszą
2. Bunt
3. Wzrost
4. skok
5. Rozwój
6. wyrób
7. Dojazd
8. dotyk
9. skręt
10. Druk

Exercise 19
1. szum
2. dyżur
3. Płacz
4. Eksport
5. gniew
6. Handel
7. Import
8. kaszel
9. Kontakt
10. Chód

Exercise 20
1. gwizd
2. wystrzał
3. Lot
4. lęk
5. Tłok
6. łyk
7. Nakaz
8. Nakaz
9. napad
10. Odczyt

Exercise 21
1. Rozkazy
2. Sprzeciw
3. Przymus
4. wypowiedź
5. winę
6. niepokój
7. szelest
8. Objazd
9. Obrót
10. oddech

Exercise 22
1. odpowiedź
2. opór
3. Opis
4. Pomoc
5. Podział
6. Postęp
7. protest
8. Szept
9. Przekład
10. Przedruk

Exercise 23
1. Przegląd
2. Przejazd
3. Przelew
4. przyjaźń
5. Przyjazd
6. Odlot
7. Wywóz
8. Rozdział
9. Rozkwit
10. ruch

Exercise 24
1. Przylot
2. Skup
3. Spacer
4. Spór
5. Spowiedź
6. obchód
7. Śpiew
8. Rozrost
9. Transport
10. Trudy

Exercise 25
1. Zanik
2. uśmiech
3. upór
4. Przewrót
5. Nacisk
6. Taniec
7. głos
8. czyny
9. domysły
10. występ

Exercise 26
1. Hałas
2. Zakaz
3. Zakup
4. zamiar
5. zapał
6. zapowiedź
7. Start
8. wyjazd
9. pamięć
10. zazdrość
11. Mord
12. Spis
13. żal

Exercise 27
1. ci apetytu
2. wam dowodów
3. w łacinie
4. w klasie
5. ci słów
6. ludzi
7. władzy
8. ludu
9. chód konia
10. chód silnika
11. czyn rycerza
12. dojazd do pracy
13. dojazd do fabryki
14. dotyk ręki
15. druk powieści
16. dyżur przy chorym (człowieku)
17. dyżur lekarza
18. Eksport węgla
19. eksport myśli technicznej
20. Głos ptaków

Exercise 28
1. Głos dział
2. Głos rozsądku
3. Głos sumienia
4. Gniew Bogów
5. Gwizd wiatru
6. Gwizd pocisków
7. Hałas wielkiego miasta
8. Handel nieruchomościami
9. Handel zbożem
10. Import towarów
11. Kaszel dziecka
12. Kontakt z nim
13. przed biedą, chorobą, śmiercią
14. Lot pocisku
15. Lot ptaków
16. w Kosmos
17. Lot załogi

18. Łyk wody
19. Mord człowieka
20. Nacisk sił nieprzyjaciela

Exercise 29
1. na niego
2. Nakaz aresztowania
3. bandytów
4. na bank
5. z bronią
6. Niepokój duszy
7. o chore dziecko
8. Obchód posiadłości
9. Objazd samochodem
10. Obrót papierosami
11. Obrót figury
12. znanego profesora
13. o wulkanach
14. Oddech człowieka
15. Odlot samolotu
16. Odlot z/do Warszawy
17. Odlot na Kubę
18. Odpowiedź studenta
19. na pytanie
20. Opis podróży

Exercise 30
1. z pamięci
2. Opór silnika
3. o zmarłym
4. Płacz dziecka
5. o zabawki
6. Podział majątku
7. na części
8. dla matki
9. Pomoc bogatych
10. biednym
11. dla brata
12. Postęp techniki
13. w informatyce
14. Powrót syna marnotrawnego
15. z/do Warszawy
16. Protest ludu
17. przeciwko podwyżkom
18. Przedruk całego podręcznika
19. z New York Timesa
20. Przegląd zespołów ludowych

Exercise 31
1. Przejazd statku (statkiem)
2. Przejazd z/do wyspy York
3. Przejazd z/do/przez centrum miasta
4. przez rzekę
5. Przekład powieści
6. z języka polskiego
7. na język japoński
8. Przelew pieniędzy
9. do/z banku
10. Przewóz samochodów
11. Przewóz z/do Warszawy
12. Przemyt narkotyków
13. w technice
14. Przyjaźń człowieka
15. Przyjazd na wakacje
16. Przyjazd pociągu
17. (do) znajomych
18. Przylot samolotu
19. z/do Paryża
20. na Kubę

Exercise 32
1. Przymus pracy
2. Remont domu
3. Rozdział książki
4. Rozkaz kapitana
5. Rozkosz życia
6. Rozkwit przemysłu
7. Rozrost narządów
8. Rozwój dziecka

9. Ruch kołowrotka
10. w miejscu
11. w lewo
12. do wody
13. w prawo
14. Skręt głowy
15. głowy w
16. Skup żywca
17. nad jeziorem/dookoła jeziora
18. po mieście
19. Spis ludności
20. Spowiedź grzesznika

Exercise 33
1. o władzę
2. Sprzeciw ludności
3. wobec decyzji
4. Start zawodników
5. z mety
6. Szelest liści
7. Szept człowieka
8. Szum strumyka
9. Śpiew ptaków
10. Taniec śmierci
11. w autobusie
12. Transport trzody chlewnej
13. Transport z/do Krakowa/po Krakowie
14. Trud pracy
15. Trud człowieka
16. Upór człowieka
17. Uśmiech dziewczyny
18. Wina zabójcy
19. Wyjazd studentów
20. Wyjazd do/z Poznania

Exercise 34
1. na wakacje
2. Wypowiedź prezydenta
3. Wyrób rzemieślnika
4. z drewna
5. Występ artysty
6. Wystrzał armaty
7. z działa
8. Wywóz śmieci
9. Wzrost dochodu
10. Zakaz palenia
11. Zakup komputerów
12. Zamiar sprzedaży
13. Zanik pamięci
14. do nauki
15. Zapowiedź zmian
16. Zazdrość człowieka
17. do matki
18. z powodu wyjazdu
19. z powodu straconej okazji
20. za grzechy
21. za tym, co minęło

Exercise 35
1. Brak pieniędzy częstokroć doprowadzał do rodzinnych sprzeczek w naszej rodzinie.
2. Bunt przeciwko biedzie jest normalną reakcją człowieka.
3. Podział ludzi na biednych i bogatych jest niesprawiedliwy.
4. Odpowiedź na to pytanie jest prosta dla każdego.
5 Spór o pieniądze w tej dyskusji ma znaczenie drugorzędne.
6. Pomoc biednym i walka z ubóstwem to działania, które nie powinny ograniczać się jedynie do likwidowania skutków, a raczej powinny polegać na zapobieganiu przyczynom.

Exercise 36
dojeżdżać

dyżurować
importować
lękać się
przeglądać
pomaga
przemyca
skupi
wywozić
spacerować

Exercise 37
1. będzie wyjść na dwór/ było wyjść na dwór
2. będzie go obejrzeć/ było go obejrzeć
3. będzie tutaj spać/ było tutaj spać
4. będzie tutaj palić/ było tutaj palić
5. będzie słychać/ było słychać

Exercise 38
1. Będzie ... starczało albo starczać/ starczało
2. Starczy/starczyło
3. Będzie się ściemniało a. będzie się ściemniało/Ściemniało się
4. Będzie należało/Należało
5. przystało

Exercise 39
1. Wypadałoby
2. Byłoby ... brak
3. Należałoby
4. słychać byłoby
5. Warto byłoby

Exercise 40
1. godzien/godzien
2. kontent/kontent
3. pochmurno/pochmurno
4. wart/wart
5. winien/winien

Exercise 41
1. Żal
2. Szkoda
3. Pora
4. Szkoda
5. Strach
6. Grzech

Exercise 42
1. trudno było
2. przyjemnie było
3. trudno było
4. przykro było
5. miło było
6. miło było
7. łatwo było
8. łatwo było
9. było pochmurno

Exercise 43
1. dojść/dobiec
2. wejść
3. zejść
4. przejść
5. dopłynął
6. dopłynął
7. dobiegł
8. dosypać
9. doczytać
10. dogotować

Exercise 44
1. doliczyłem się/domyśliłem się
2. dospać
3. dosolić
4. dopisać
5. dopełnić

6. doczekałam się
7. dodzwonić się
8. domyślić się
9. doprać
10. domyć

Exercise 45
1. dogonić
2. dorobić
3. doczołgać się
4. dojadała
5. doleciał
6. doliczył
7. dopchaliśmy
8. dosłuchali
9. dośpiewała
10. dorzucał

Exercise 46
1. nakleić/przykleić
2. nakupił
3. nalał
4. namydliłem
5. napiekła
6. nasmarował
7. napodróżować się
8. narobił się
9. naczytał się
10. nasiedziałem się

Exercise 47
1. okleiły
2. ogrodziły
3. objechałem
4. opłynąć
5. obejść
6. opadły/opadały
7. objadła się
8. ograł
9. obłamać
10. oblałem/polałem

Exercise 48
1. obdarował
2. opłakał
3. obmówiła
4. opisać
5. opracować
6. obcałował
7. obiegli
8. obić
9. obleciał
10. obrabowali

Exercise 49
1. odjechał
2. odejść
3. odłamał się
4. odkręcić
5. odpisał
6. odespać
7. odbudować
8. Odczekał
9. Odsiedział
10. odprowadzić

Exercise 50
1. posiedzieliśmy
2. popracowałem
3. Poczytam
4. posiwiały
5. poodmrażały
6. poodsuwali
7. polukrować
8. pomdleli
9. pomiął
10. poprzebierały się

Exercise 51
1. podpisał
2. podprowadził
3. podskoczył
4. podpłynął/przypłynął/dopłynął

5. podrobił
6. Podsłuchał
7. podrumienić
8. podjeżdżał
9. podbiegł
10. podkradł się

Exercise 52
1. przebiegł
2. przeżył (przesiedział)
3. przelać
4. przeniosłem
5. przesiedział
6. Przejechałem
7. przebiłem
8. przepisać
9. przespałem
10. przepijał
11. przebadała

Exercise 53
1. przebiegłem
2. Przechorowałem
3. przecierpiała
4. przeczekać
5. przedrukowały
6. Przedrzemałem
7. przefrunęły
8. przekwitły
9. przelać
10. przemyślała

Exercise 54
1. przyszyłeś
2. przyjechali
3. przypaliłem
4. przykleić
5. przybiegł
6. dobudowali/przybudowali
7. przydźwigaliśmy
8. przyklęknąłem a. przykląkłem
9. przymaszerowali
10. przypudrowała

Exercise 55
1. rozeszli się
2. rozniosła się/rozszerzyła się
3. rozlała się
4. rozerwali/porwali
5. rozbił
6. rozbudować
7. rozładować
8. rozkupili
9. rozkwitły
10. rozpił się

Exercise 56
1. rozpisałem się
2. rozgryźć
3. rozdzwonili się
4. rozetrzeć
5. rozgrzać się
6. namoczyć
7. rozlał się
8. rozrosły się
9. rozsmarować
10. roztyła się/utyła

Exercise 57
1. usiedzieć
2. ubawiliśmy się
3. upić
4. udeptać
5. utonął
6. ubiegł
7. ubłagać
8. upatrzyła
9. uratował
10. uzbierał

Exercise 58
1. weszli
2. wjechał
3. wlałem
4. wsiadła/weszła
5. wprowadził
6. wpisali się
7. wliczył
8. wczytał się
9. wmontował
10. wmówili

Exercise 59
1. wyszła
2. wyjechali
3. wyrwałem
4. wyciągnąłem
5. wymalowali/pomalowali
6. wysypał
7. wyszeptał
8. wygasił
9. wylizał
10. wyczytałem

Exercise 60
1. wypisały się
2. wykręcić
3. wylądował
4. wyleciał
5. wyleżeć/uleżeć
6. wymeldować się
7. wymontować
8. wypakować
9. wypłynął
10. wyrecytował

Exercise 61
1. spłynęła
2. schodziła
3. stopniał
4. struł się
5. skropić
6. skręcić/zakręcić
7. skompletować
8. sfilmować
9. sczerniały
10. schwytać

Exercise 62
1. zszedł
2. Zbiłem
3. zdekompletowało
4. zalegalizowały
5. zdemaskował
6. zdemontowali
7. zerwało
8. zjeździłem
9. zgrać
10. zjechał

Exercise 63
1. zanieść
2. zachorował
3. zajechała
4. zaklaskał
5. zapłakało
6. zasiedli
7. zalała
8. zapisał
9. zagotować
10. zanudził

Exercise 64
1. zapakować
2. zamalować
3. zagrodzić
4. zaimprowizował
5. zameldować się
6. zamontować
7. zawrócić

8. zaparkować
9. zapłacić
10. zaprasować

Exercise 65
1. dojść
2. zejść
3. wejść
4. zejść
5. doliczyłem się
6. dospać
7. dosolić
8. dopisać
9. dopełnić
10. doczekałam się

Exercise 66
1. dogonić
2. dorobić
3. doczołgać się
4. dojadała
5. doleciał
6. doliczył
7. dopchaliśmy
8. dosiedzieli/dosłuchali
9. nakleić/przykleić
10. nakupił

Exercise 67
1. okleiły
2. ogrodziły
3. objechałem
4. opłynąć
5. obejść
6. obdarował
7. opłakał
8. obmówiła
9. opisać
10. opracować

Exercise 68
1. odjechał
2. odejść
3. odłamał się
4. odkręcić
5. odpisał
6. odespać
7. posiedzieliśmy
8. popracowałem
9. Poczytam
10. posiwiały

Exercise 69
1. podpisał
2. podprowadził
3. podskoczył
4. dopłynął/przypłynął
5. podrobił
6. Podsłuchał
7. Przejechałem/Przebiegłem
8. przebiłem
9. przepisać
10. przebadać/zbadać

Exercise 70
1. przyszyłeś
2. Przechorowałem
3. przecierpiała
4. przeczekać
5. przedrukowały
6. przybudowali/dobudowali
7. przydźwigaliśmy/dodźwigaliśmy
8. przyklęknąłem a. przykląkłem
9. przymaszerowali
10. przypudrowała

Exercise 71
1. rozeszli się
2. rozniosła się
3. rozpłynęła się/rozlała się

4. rozerwali/porwali
5. rozbił
6. rozmoczyć/namoczyć
7. rozlał się
8. rozrosły się
9. rozsmarować
10. roztyła się/utyła

Exercise 72
1. usiedzieć
2. ubawiliśmy się
3. upić
4. udeptać
5. utonął/zatonął
6. wpisali się
7. wliczył
8. wczytał się
9. wmontował
10. wmówili

Exercise 73
1. wyszła
2. wyjechali
3. wyrwałem
4. wyciągnąłem
5. wymalowali/pomalowali
6. wysypał
7. wymontować
8. wypakować
9. wypłynął
10. wyrecytował

Exercise 74
1. spłynęła
2. schodziła
3. stopniał
4. struł się
5. skropić
6. zdemontowali
7. zerwało
8. zjeździłem
9. zgrać
10. zjechał

Exercise 75

Po raz pierwszy zabawili się nieźle nawet ci, którzy nigdy się nie śmiali. Kiedy wbiegł do salonu, wszyscy byli przygotowani na znakomitą zabawę. Po wejściu zebrał wszystkie niepotrzebne rzeczy i ułożył je w małą piramidę. Zabronił zbliżyć się komukolwiek do tej piramidy. Ten zakaz pobudził wyobraźnię wszystkich obecnych. Wszyscy odczekali na odpowiedni moment. On wyczytał w ich oczach duże zainteresowanie tym, co miało nastąpić. Każdemu z widzów przydzielił jeden balonik, który trzeba było nadmuchać. On w tym czasie podszedł do każdego i dotknął delikatnie palcem naciągającą się gumę. Odkrył powoli swe zamiary. Podliczył w pamięci wypełnione powietrzem baloniki. Ominął tych, którzy wypełnili swe baloniki powietrzem, a zatrzymał się przy tych, którzy wciąż dmuchali w mały otwór gumowej kuli. Namówił ich do szybszej pracy. W tym czasie wymyślił kolejną historię dla zainteresowanych jego grą. Zdecydował, że wypełnione powietrzem baloniki powinny unosić się teraz w powietrzu. Podszedł do każdego widza zajętego nadmuchiwaniem balonika i podpalił go delikatnym płomieniem. Baloniki rzeczywiście zaczęły się unosić w powietrzu. Ja z zainteresowaniem przypatrywałem się tej dziwnej operacji. Pokazałem palcem na kolejny balonik, który unosił się nad ich głowami. Któż z nich przypuszczał, że tak dziecinna zabawa może być interesująca? W salonie dostawiono nowe krzesła. Kolejni widzowie i amatorzy zabawy zajęli swoje miejsca. (...) Zabawa trwała.

Exercise 76

dodać/dodać/oddać/oddałeś/dałam/rozdałem/dałaś/dałem/rozdajesz/dostałeś/dać/wydałam/nadać/dodała/podaj/zadać/oddam

Exercise 77
1. boją się
2. dowiedział się
3. domagały się
4. się dogadać
5. domyśliłem się
6. domyślać się
7. dowiedziałem się
8. dowiedziałem się
9. boją się
10. domagali się
11. bali się
12. dogadywaliśmy się
13. dowiadywał się
14. się dogadać
15. Domagała się

Exercise 78
1. dzieje się
2. kłaniał się
3. Kłócił się
4. się .... działo
5. najadły się
6. napić się
7. kłócił się/kłóci się
8. napocić się
9. napić się
10. najadłem się
11. kłaniał się
12. kłaniał się
13. napić się
14. napodróżowałem się
15. Napociłem się

Exercise 79
1. pociła się
2. pocili się
3. odezwał się
4. odzywać się
5. pojawiły się
6. pojawiały się
7. podobał się
8. opiekować się
9. pojawił się
10. się podobał
11. podobać się
12. Opiekował się
13. odezwał się
14. odezwał się
15. Pobaliśmy się

Exercise 80
1. porozumiesz się
2. pokłonił się
3. pokłóciła się
4. posługiwać się
5. postarał się
6. postara się
7. postarać się
8. Postaram się

9. posłużyono się
10. pokłóciłem się
11. Postaraj się
12. Porozumiewali się
13. porozumieć się
14. posługiwał się
15. posłużyło

Exercise 81
1. przyglądał się
2. rozglądam się
3. przyczynili się
4. Pośmialiśmy się
5. przejmować się
6. przejmował się
7. przyglądała się
8. przejmował się
9. powstydziłby się
10. się ... przejął
11. przyczyniały się
12. przyjrzał się
13. przyjrzeć się
14. rozejrzeć się
15. rozejrzał się

Exercise 82
1. rozstać się
2. roześmiał się
3. rozstawała się
4. rozstawała się
5. spodziewałem się
6. się spieszył
7. rozstawała się
8. się rozstali
9. specjalizował się
10. spodziewał się
11. specjalizują się
12. się spodobała
13. rozstać się
14. Spieszy się

15. rozstawał się
16. skarżył się

Exercise 83
1. się spociłem
2. śmiały się
3. wstydzić się
4. wystarał się
5. starała się
6. staram się
7. wyspałem się
8. uśmiali się
9. wyspecjalizował się
10. ukłonił się
11. wpatrywali się
12. wpatrywał się
13. Spóźnia się
14. spóźniłem się
15. spóźniał się

Exercise 84
1. pojawił się
2. zaopiekować się
3. zderzyła się
4. wysypiałem się
5. zaśmiewali się
6. zgodziła się
7. zgadzał się
8. zderzały się
9. pojawił się
10. zdarzyła się
11. zdarzało ... się
12. zaśmiał się
13. zgodzić się
14. zgadzał się
15. pojawiło się

Exercise 85
1. idzie się
2. Mówi się

3. jeździ się
4. się pracowało/pracuje
5. się ... siedzi
6. chce ... się
7. się rozmawia
8. się ... mieszka
9. się powodziło/powodzi
10. produkuje się/produkowało się

Exercise 86
1. się nienawidzą
2. się ... rozumieją
3. się unikają
4. się kochamy
5. się biją
6. się ... obmawiają
7. się ... spotykają
8. się ... odwiedzają
9. się ... cierpią
10. się ... znoszą

Exercise 87
1. się czesze
2. się wyciera
3. się przewróciło
4. się obudził
5. się ubiera
6. się kładzie
7. się kierują
8. się drukuje
9. się piorą
10. się podniosła

Exercise 88
1. zamknęły się/zamknął
2. otworzyło się/otworzył
3. przewrócił się/przewrócił
4. buduje się/budują
5. Zjechali się/zjechali
6. zaczął się/zaczął
7. się wyjaśniła/wyjaśnił
8. rozładowała się/rozładował
9. kończy się/kończy
10. rozlała się/rozlał

Exercise 89
1. Przypominam sobie
2. Pomyliłem sobie
3. Utrwaliłem sobie
4. Jechałem sobie
5. Chciałem sobie

Exercise 90
1. Denerwowałem/się denerwowałem
2. Zmartwiłem/się zmartwiłem
3. Ucieszyłem/się ucieszyłem
4. Obraziłem/się obraziłem
5. Przyzwyczaiłem/się przyzwyczaiłem
6. Wzruszyłem/się wzruszyłem
7. martwiła/się martwiłem
8. interesowała/się interesowała
9. nudził/się nudził
10. kąpał/się kąpał

Exercise 91
1. siebie
2. siebie
3. siebie
4. sobie
5. siebie
6. sobą
7. sobą
8. sobie
9. sobie
10. siebie
11. sobie
12. siebie
13. sobą
14. sobą
15. sobą

16. sobie
17. sobie

Exercise 92
1. sobą
2. sobie
3. siebie
4. sobą
5. siebie
6. sobie
7. sobie
8. sobą
9. sobą
10. sobą

Exercise 93
1. robi ... się/robią
2. oddał się/odda
3. nosiła się/nosiła
4. pisał się/pisał (napisał)
5. wziąłem/wzięła się
6. poznałem/poznałem się
7. chciał/chciało ... się
8. miał/miał się
9. brał/Bierzmy się
10. rozjechał/rozjechali się
11. da się (dało się)/dał (daje)

Exercise 94
1. się rozumie samo ... się
2. podjęta sama ... się
3. mówią same ... siebie

Exercise 95
1. położył się
2. ubrał się
3. znali się/się ... znali
4. przeprosili się
5. goniły się

Exercise 96
1. pytać się
2. Wrócił się
3. dotknąłem się

Exercise 97

Spotkaliśmy się z Magdą po raz pierwszy od dziesięciu lat. Umówiłem się z nią na dworcu kolejowym. Kiedy ubierałem się, przypomniało mi się, że muszę wziąć parasol, bo pada deszcz. Od kilku dni naprawdę się rozpadało. Magdę tak naprawdę poznałem podczas wakacji nad morzem. Kiedy opalałem się na skalistym brzegu, Magda pojawiła się jak meteor. Nagle i niespodziewanie. Pierwsza odezwała się do mnie, potem się przedstawiła. Powiedziała, że ma na imię Magda, i że się strasznie nudzi sama nad morzem. Wybierała się na obiad do restauracji. Popatrzyłem na nią i powiedziałem: „Do restauracji idzie się prosto". Ona nie zareagowała. Jedynie się uśmiechnęła. Ja też uśmiechnąłem się do niej. Miałem wrażenie, że od razu się polubiliśmy. Kiedy patrzyła (się) na mnie, podniosłem się, a potem podniosłem książkę, którą opalając się, czytałem. „Mnie też chce się jeść" – pomyślałem. „Jeśli chcesz, pójdziemy razem do restauracji". Zdecydowanie ta dziewczyna podobała mi się. Ledwie poznaliśmy się, a ona już mi się spodobała. Chciałbym ją lepiej poznać. Weszliśmy do restauracji, do której zwykle wchodziło się od strony morza. Spojrzeliśmy na siebie i wybraliśmy przytulne miejsce w samym rogu sali. Dotknąłem jej ręki. Miała bardzo delikatną dłoń. Do dziś pamiętam to wspaniałe uczucie. Mam nadzieję, że dzisiaj powtórzy się to samo. Zaraz po jej przyjeździe wybierzemy się do mojej ulubionej restauracji.

Exercise 98
1. Niewdzięczność jest zapłatą świata. Nieraz zdarza się, że za dobroć płacą niewdzięcznością.
2. Prawdziwego przyjaciela poznaje się w nieszczęściu.
3. Szczerość rodzi się w miarę poznawania się.
4. Szczerość rodzi zaufanie.
5. Cała mądrość nie mieści się w głowie.
6. Nikt nie ponosi kary za swe myśli.
7. Stara miłość nie rdzewieje.
8. Czego Jaś się nie nauczył, tego Jan nie będzie umiał.
9. Wiek nie chroni przed głupotą.
10. Nie jest łatwo poznać myśli drugiego człowieka.
11. Nie wszystko złoto, co się świeci.

Exercise 99
moją
moja/twoja/twojej/swoją
jego
swoją
swojej/swoją/moją
twojej/swoją
swoją/swoją/swoją/swoją
jego (twoją)/jej (twoją)
moja/twoja (jej)/twoja (jego)
moja/ich (wasze)

Exercise 100
a.
swój
b.
swój
c.
mój

jego
swojego
Jego
d.
swój
mój
mój
Jego

Exercise 101
1. swoją/Moja
2. swoje/Moje
3. swoim/Mój
4. swoim/Mój
5. swoje/Moje

Exercise 102
1. jego/Mój
2. ich/Nasz

3. jego/Moja
4. Jego/Mój
5. Ich/Moja

Exercise 103
1. swoim/mój/Jej
2. moi/Jej
3. swoimi/moi/Jego

Exercise 104
a.
1. swoje/jego
2. swoją/jego
3. swoje/jego
4. swoją/jego
5. swój/jego

b.
1. swoje/jej
2. swoją/jej
3. swoje/jej
4. swoją/jej
5. swój/jej

c.
1. swoje/ich
2. swoją/ich
3. swoje/ich
4. swoją/ich
5. swój/ich

Exercise 105
1. swoją
2. swoje
3. swoim
4. swoim
5. swój

Exercise 106
1. moim/swoim
2. moim/swoim
3. moim/swoim
4. moim/swoim
5. moją/swoją

Exercise 107
1. swoim/Jej
2. swoim/Jego
3. swoimi/Ich
4. swojego/Jego
5. swoją/Ich

Exercise 108
1. swoim
2. swoich
3. swoją
4. swoich
5. swoim
6. swoją
7. swoim
8. swoimi
9. swoją
10. swój
11. swoje
12. swoje
13. swój
14. Swego
15. swoim
16. swoim
17. swoimi
18. swoje
19. swoje
20. swego (swojego)

Exercise 109
1. swój
2. swój
3. Swój
4. swoje
5. swojego
6. swoje
7. swoje
8. swoje
9. swoim
10. swoim

Exercise 110

Wszedłem do pokoju Piotra. W jego pokoju było pusto. Na jego biurku leżał list. Nie odważyłem się przeczytać tego listu. Zajrzałem do szafy. Piotr musiał wziąć wszystkie swoje ubrania, ponieważ w szafie było też pusto. Mieszkaliśmy od dwóch lat w tym samym mieszkaniu. Każdy z nas miał swój pokój. Jego pokój był mniejszy, a mój większy. Z tego powodu, że mój pokój był większy, zwykle jedliśmy posiłki w moim pokoju. W jego tzw. salonie przyjmowaliśmy gości. W przedpokoju zauważyłem parasol Piotra. „Dlaczego on nie wziął swojego parasola?" – pomyślałem sobie. Miał czarny, duży parasol. Ja miałem niebieski. Mojego niebieskiego parasola nie było w przedpokoju. Piotr przez pomyłkę wziął mój parasol. Jeśli się tutaj kiedyś pojawi, muszę mu oddać jego parasol, a odebrać swój, gdyż byłem bardzo przywiązany do swojego parasola. Następnie wszedłem do łazienki. Z łazienki Piotr wziął wszystkie swoje przybory toaletowe. Zostawił tylko swój stary ręcznik, którego używaliśmy czasami do wycierania podłogi. Nie ma tutaj ani jednej jego rzeczy – skonstatowałem. Ciekawe, czy zostawił przynajmniej swój nowy adres. Rozerwałem kopertę. W kopercie nie było jego nowego adresu. Zdecydowałem, że zadzwonię do jego mamy, którą poznałem miesiąc temu. Podniosłem słuchawkę telefonu. Nagle usłyszałem jego głos w telefonie. Piotr, to ty! – wykrzyknąłem. – A co, nie poznajesz swojego najlepszego kolegi – zdziwił się Piotr. – Teraz poznaję. Piotr – powiedziałem – wracaj do swojego pokoju. Nie możesz się wyprowadzać po każdej kłótni.

Exercise 111

2. rezygnacji
3. życia
4. cudzych spraw
5. miłości
6. nowin
7. zapamiętania
8. obejrzenia
9. niebezpieczeństwa
10. losu
11. rodziców
12. sukcesu
13. wiedzy
14. rozmowy
15. sławy
16. zaszczytów
17. odpowiedzialności
18. urody
19. nagrody
20. obejrzenia
21. żony
22. katastrofy
23. władzy
24. silnych wrażeń

Exercise 112

1. niego
2. kodeksem
3. prezent
4. Szwajcarii
5. dwa piętra
6. nowe idee/każdą nową ideę

7. zimno
8. dzieci
9. konferencji/ przebiegu konferencji
10. pracy

Exercise 113
1. wszystkiego
2. pieniądze
3. zabójstwo
4. ludzkiej krzywdy
5. narkotyków
6. syna
7. przyszłość
8. mnie
9. ludzi
10. ataku

Exercise 114
1. wstydu
2. złości
3. matką
4. matematyce
5. swoją żonę
6. niej
7. pani Ziutce
8. prezydentem
9. matki
10. rozwoju

Exercise 115
1. mnie
2. witaminy
3. niego
4. ludzi
5. niewinności
6. naukach przyrodniczych
7. tej kobiecie
8. wszystkich
9. wszystkich
10. pracowników
11. opłaty/opłat

Exercise 116
wiedzy
tego
klęski
kolejnego dnia
swojej wartości
tego
płaczu
silnych wrażeń
miłości

Exercise 117
nienawiści
tego
walki
miłości
wszystkiego
realizacji
słuszności
tych
wilka
ataku
niego
ostatnich
słusznej drodze
sytuacji
własnym sumieniem
nienawiści

Exercise 118
dwudziestego wieku
sławy
wstydu
snu
porażce
wyjazdu
sobie
morderstwo
niską temperaturę

Exercise 119
1. urlop/urlopie
2. dół/dole
3. pocztę/poczcie
4. ścianę/ścianie
5. krzesło/szafę/szafie (krześle)

Exercise 120
1. środę
2. tydzień
3. godzinę
4. dzień
5. miesiąc

Exercise 121
1. list
2. przykrość
3. obietnicy
4. przypadek
5. ludzkich charakterach
6. rady/radę

Exercise 122
2. na grypę
3. na pieniądze
4. na pytanie(-a)
5. na lekcję/na lekcje
6. na rady
7. na męża
8. na dziewczynę
9. na rozmowę
10. na pociąg
11. na niego
12. na zarzuty

Exercise 123
1. tym
2. polityce
3. tej dziewczynie
4. wojnie
5. tym wydarzeniu
6. tym okresie
7. moim istnieniu
8. miedzę
9. bruk
10. wpływ; pl. wpływy
11. samochód
12. płot
13. herbatę
14. zawrót
15. cenę
16. stypendium
17. naszego syna
18. moje pieniądze
19. wolność i sprawiedliwość
20. słomiankę
21. tę przeklętą szafę
22. godzinie piątej
23. zmierzchu
24. świcie
25. naszym spotkaniu

Exercise 124
1. Bieszczadach
2. morzu
3. mieście
4. orbitach
5. rękach
6. plecach
7. wierzchu
8. prawej stronie
9. szynach
10. rusztowaniu
11. wsiach
12. szafach
13. szklance/bułce
14. niskich cenach
15. dłuższej chwili
16. upływie
17. zimie
18. kolacji

19. nocach
20. piwie
21. coca-coli
22. babci
23. matce
24. dziadku
25. Francuzie/Turku
26. deserze
27. śmiechu
28. piśmie
29. oczach
30. zapachu

Exercise 125
1. kolana
2. ostatnie tchnienie
3. piwo
4. lekarza
5. radę
6. bilet

Exercise 126
1. po ludzku
2. po trzeźwemu
3. po polsku
4. po góralsku
5. po swojemu
6. po pijanemu
7. po złotemu
8. po ojcowsku
9. Po prostu
10. po francusku
11. po staremu
12. po cichu
13. po koleżeńsku
14 po dziecinnemu
15. po mistrzowsku

Exercise 127
1. ścianę
2. pogodę
3. nieznane
4. deszcz
5. popiół
6. górę
7. kawałki
8. zwierzęta
9. tany/taniec
10. gruzy
11. lustro
12. futro
13. czoło
14. Boga
15. dół
16. komputery

Exercise 128
1. wtorek/lutym/zimie
2. środę/czerwcu/lecie
3. czwartek/listopadzie/jesieni
4. piątek/sierpniu/lecie
5. sobotę/wrześniu/jesieni
6. niedzielę/grudniu/zimie

Exercise 129
1. dziewięćdziesiątym piątym roku
2. dziewiętnastym wieku
3. noc sylwestrową
4. czasie
5. dniu
6. niepogodę
7. młodości
8. godzinę
9. chorobie
10. południe

Exercise 130
1. pień
2. biegu
3. nędzy

4. samotności
5. sławie
6. modzie
7. cenie
8. cwał
9. bezruchu
10. uporze

Exercise 131
1. bloki
2. książki
3. kolana
4. dwa samochody
5. kobiety

Exercise 132
1. blokami
2. książkami
3. kolanami
4. samochodami
5. kobietami

Exercise 133
1. pracą/rodziną
2. łąką/lasem
3. rozpaczą/nadzieją
4. nim/mną
5. pierwszą/drugą wojną światową
6. drugą/czwartą
7. brązowym/żółtym

Exercise 134
1. brzeg/brzegiem
2. morze/morzem
3. miasto/miastem
4. rzekę/rzeką
5. jezioro/jeziorem
6. ocean/oceanem

Exercise 135
1. drzewo/drzewem
2. górą/górę
3. szafę/szafą
4. parasol/parasolem
5. kołdrę/kołdrą

Exercise 136
1. Krakowem
2. pomnikiem
3. Grunwaldem
4. Warszawą
5. domem

Exercise 137
2. pomnik
3. Grunwald
4. Warszawę
5. dom

Exercise 138
1. obóz/obozem
2. bramę/bramą
3. granicę/granicą

Exercise 139
1. górę/górą
2. hotel/hotelem;Cracovię/Cracovią
3. urząd/urzędem
4. bank/bankiem
5. szkołę/szkołą

Exercise 140
1. szafą
2. dom
3. biurko
4. okno
5. burtą
6. las
7. morzem
8. drzewo
9. drzwiami

10. łóżkiem
11. Janka
12. dziecko
13. mamę
14. telefonem
15. mężczyzną
16. specjalistą

Exercise 141
1. panowania/godzinę/każdym wybuchem
2. rządów/miesiąc/razem
3. królowania/chwilę/każdym podejściem

Exercise 142
1. kolegą
2. ludźmi
3. koniem
4. Jankiem
5. mamą

Exercise 143
1. oczu
2. zabytków
3. rękoma a. rękami
4. obiad
5. mnie
6. dwóch/dwie osoby
7. durnia
8. entuzjazmem
9. słodyczami
10. pyszna

ALPHABETICAL INDEX
with exercise numbers

bez 2, 7
bezczelny 112, 117
bierzmy się 93
biją się 86
blady 114, 117
bliski 111, 116
blisko 2, 7-9, 14
boją się 77
brak 18, 35
buduje się 88

charakterystyczny 112, 118
chce się 85, 93, 97
chcieć sobie 89
chciwy 113, 118
chodzić 61
chód 19, 27
ciekawy 111, 116
cierpią 86
czerwony 114, 118
czesze się 87
czyn(y) 25, 27

da się 93
denerwowałem się 90
dla 2, 8, 15
do 2, 7-8, 14-16
dobiec 43
dobry 114
dobudować 54, 70
doczekać się 44, 65
doczołgać się 45, 66
doczytać 43
dodać 76
dodzwonić się 44
dodźwigać 70

dogadać się 77
dogadywaliśmy się 77
dogonić 45, 66
dogotować 43
dojadać 45, 66
dojazd 18, 27
dojeżdżać 36; zob. p. 2
dojść 43, 65
dokoła 2, 7
dolecieć 45, 66
doliczyć się 44-45, 65-66
domagać się 77
domyć 44
domysły 25
domyślać się 77
domyślić się 44
donieść 66
dookoła 2, 7, 9
dopchać 45
dopełnić 44, 65
dopisać 44, 65
dopłynąć 43, 51, 69
doprać 44
dorobić 45, 66
dorzucać 45
dosiedzieć 66
dosłuchać 45, 66
dosolić 44, 65
dospać 44, 65
dostać 76
dostawiać 75
dosypać 43
dośpiewać 45
doświadczony 112
dotknąłem się 96

dotyk 18, 27
dowiadywał się 77
dowiedział się 77
druk 18, 27
drukuje się 87
dyżur 19, 27
dyżurować 36; zob. p. 2
dzieje się 78
dzięki 3, 9

eksport 19, 27

głodny 111, 116
głos 25, 27-28
gniew 19, 27
godny 111
godzien 40
goniły się 95
gotowy 113, 117, 118
grzech 41
gwizd 20, 27

hałas 26, 27
handel 19, 27

ich 99, 102, 104, 107
idzie się 85, 97
import 19, 27
importować 36; zob. p. 2
interesowała się 90
istotny 114

jak 1
jako 1
jechać sobie 89
jego 99-100, 102-4, 107, 110
jej 99, 103-4, 107
jeździ się 85

kaszel 19, 27
kąpał się 90
kierują się 87

kładzie się 87
kłaniał się 78
kłócił się 78
kochamy się 86
koło 2, 7-9, 14
kontakt 19, 27
kontent 40
kończy się 88
korzystny 115, 117
ku 3, 9

lęk 20, 21
lękać się 36; zob. p. 2
lot 20, 27

łatwo było 42
łyk 20, 27

martwiłem się 90
miał się 93
mieści się 98
między 4, 5, 10-11, 131-133
miło było 42
mimo 2, 7
moi 103
moim 106, 110
moja 101-2
moją 99, 106
moje 101
mord 26, 27
mój 100-3, 110
mówi się 85

na 4, 6, 10-16, 119-122
nacisk 25, 27
naczytać się 46
nad 4, 5, 10-11, 15-16, 134
nadać 76
nadmuchać 75
najadły się 78
nakaz 20, 29

nakleić 46, 66
nakupić 46, 66
nalać 46
należało/należałoby 38
namoczyć 71
namówić 75
namydlić 46
napad 20
napić się 78
napiec 46
napocić się 78
napodróżować się 46
napodróżowałem się 78
naprzeciw 2
naprzeciwko 2
na przekór 3, 9
narobić się 46
nasiedzieć się 46
nasmarować 46
nasz 102
nauczył się 98
niby 1
nienawidzą się 86
niepokój 29
nieświadomy 111, 116
niewykonalny 115
nosiła się 93
nudzić się 90, 97

o 4, 6, 10-12, 15, 123
obcałować 48
obchód 24, 29
obdarować 67
obejść 47, 67
obfity 115
obić 48
obiegać 48
objadać się 47
objazd 21, 29
objechać g 47, 67

oblać 47
oblecieć 48
obłamać 47
obmawiają się 86
obmówić 48, 67
obojętny 113, 117
obok 2, 7-9
obrabować 48
obraziłem się 90
obrót 21, 29
obudził się 87
od 2, 8
odbudować 49
odczekać 49, 75
odczyt 20
oddać 49, 68, 76
oddał się 93
oddech 21, 29
odespać 49, 68
odezwał się 79, 97
odjechać 49, 68
odkręcić 49, 68
odkryć 75
odlot 23, 29
odłamać się 49, 68
odpisać 49, 68
odpowiedni 114, 117
odpowiedź 22, 29
odprowadzić 49
odsiedzieć 49
odwiedzają się 86
odzywać się 79
ograć 47
ogrodzić 47, 67
okleić 47, 67
około 2, 9
opadać 47
opalałem się 97
opaść 47
opiekował się 79

opis 22, 29
opisać 48, 67
opłakać 48, 67
opłynąć 47, 67
opór 22, 30
opracować 48, 67
oprócz 2
oskarżony 113, 118
ostatni 115, 117
otwarty 112
otworzyło się 88

pamięć 26
patrzyła się 97
pewien 111
pewny 111, 116
piorą się 87
pisał się 93
płacz 19, 30
po 4, 6, 10, 12, 14-16, 124-126
pobaliśmy się 79
pobudzić 75
pochmurno 40
pochmurno było 42
pociła się 79
poczytać 50, 68
pod 4, 5, 10-11, 16-17, 135-136
podać 76
podbiec 51
podczas 2, 7
podejść 75
podjeżdżać 51
podkradać 51
podliczyć 75
podniosła się 87, 97
podobał się 79, 97
podobny 114, 117
podpalić 75
podpisać 51, 69
podpłynąć 51

podprowadzić 51, 69
podrobić 51, 69
podrumienić 51
podsłuchać 51, 69
podskoczyć 69
podział 22, 30, 35
pogodzony 117
pojawić się 79, 97
pokłonił się 80
pokłóciła się 80
polubiliśmy się 97
polukrować 50
położył się 95
pomagać 36; zob. p. 2
pomalować 59, 73
pomdleć 50
pomiąć 50
pomiędzy 4-5, 10-11
pomimo 8
pomoc 22, 30, 35
pomylić sobie 89
ponad 4-5, 10
poodmrażać 50
poodsuwać 50
popracować 50
poprzebierać się 50
pora 41
porozumieć się 80
porozumiewać się 80
porwać 55, 71
posiedzieć 50, 68
posiwieć 50, 68
posługiwał się 80
posłużyła 80
postarać się 80
postęp 22, 30
pośmialiśmy się 81
pośrodku 2, 8
pośród 2
powodzić się 85

powrót 30
powstydziłby się 81
powtórzy się 97
powyżej 2
poza 5, 11, 138
poznałem 93, 97-98
pracowało się 85
produkuje się 85
protest 22, 30
prócz 9
przebadać 52
przebić 52, 69
przebiec 52, 69, 69
przebiegać 53
przechorować 53, 70
przecierpieć 53, 70
przeciw 3, 9
przeciwko 3, 9
przeczekać 53, 70
przed 4-5, 10-11, 15, 139
przedruk 22, 30
przedrukować 53, 70
przedrzemać 53
przedstawiła się 97
przefrunąć 53
przegląd 23, 30
przeglądać 36; zob. p. 2
przejazd 23, 31
przejął się 81
przejechać 52, 69
przejmować się 81
przejść 43
przekład 22, 31
przekwitnąć 53
przelać 52, 53
przelew 23, 31
przemycać 36; zob. p. 2
przemyśleć 53
przemyt 31
przenieść 52

przepijać 52
przepisać 52, 69
przeprosili się 95
przesiedzieć 52
przespać 52
przeświadczony 115, 117-8
przewóz 31
przewrócił się 87-88
przewrót 25
przez 4, 11, 14
przeżyć 52
przy 6, 12
przybiec 54
przybudować 54
przyczyniały się 81
przydzielić 75
przydźwigać 54
przyglądał się 81
przyjazd 23, 31
przyjazny 115
przyjaźń 23, 31
przyjechać 54
przyjemnie było 42
przyjrzał się 81
przykleić 46, 54, 66
przyklęknąć 54, 70
przykro było 42
przylot 24, 31
przymaszerować 70
przymus 21, 32
przypalić 54
przypatrzeć się 75
przypłynąć 51, 69
przypominać sobie 89
przypomniało się 97
przypudrować 54, 70
przystało 38
przyszyć 54, 70
przyzwyczaiłem się 90
pytać się 96

remont 32
robi ... się 93
rodzi się 98
rozbić 55, 71
rozbudować 55
rozdać 76
rozdział 23, 32
rozdzwonić się 56
rozejrzał się 81
rozejść się 55, 71
rozerwać 55, 56
roześmiał się 82
rozglądam się 81
rozgryźć 56
rozgrzać 56
rozjechali się 93
rozkaz 21, 32
rozkosz 18, 32
rozkupić 55
rozkwit 23, 32
rozkwitnąć 55
rozlać się 55, 71, 88
rozładować 55
rozładowała się 88
rozmawia się 85
rozmiłowany 115, 117
rozmoczyć 56
rozmieść się 55, 71
rozpadało się 97
rozpić się 55
rozpisać się 56
rozpłynąć się 56, 71
rozrosnąć się 56, 71
rozrost 24, 32
rozsmarować 56, 71
rozstać się 82
rozstawał się 82
roztyć się 56
rozumieją się 86
rozwój 18, 32

ruch 23, 32

schodzić 74
schwytać 61
sczernieć 61
sfilmować 61
siebie 91-92
siedzi się 85
skok 18
skompletować 61
skręcić 61
skręt 18, 32
skropić 61, 74
skup 24, 32
skupić 36; zob. p. 2
słychać byłoby 38
sobą 91-92
sobie 91-92, 110
spacer 24
spacerować 36; zob. p. 2
specjalizują się 82
spieszy się 82
spis 26, 32
spłynąć 61, 74
spocić się 83
spod 2, 8
spodobała się 82, 97
spodziewał się 82
spokojny 113
spomiędzy 7
spośród 7
spotkaliśmy się 97
spotykają się 86
spowiedź 24, 32
spoza 2
spór 24, 35
spóźniać się 83
spóźnić się 83
spragniony 111, 116
sprzeciw 21, 33

sprzeczny 112
sprzed 2, 8
starała się 83
starczało 38
starczy 38
start 26, 33
stopnieć 61, 74
strach 41
struć się 61, 74
swego 108
swoich 108
swoim 101, 103, 105-9
swoimi 103, 107-8
swoją 99, 101, 104-8
swoje 101, 104-5, 108-110
swojego 100, 107-110
swój 100, 104-5, 108-110
syty 111
szczery 113
szczęśliwy 115
szelest 21, 33
szept 22, 33
szkoda 41
szum 19, 33

ściemniało się 38
śmiały się 83
śpiew 24, 33
świadomy 111, 116
świeci się 98

taniec 25, 33
tłok 20
transport 24, 33
troskliwy 112
trud(y) 24, 33
trudno było 42
twoja 99

u 2, 8, 15
ubawić się 57, 72

ubiec 57
ubiera się 87, 95, 97
ubłagać 57
ucieszyłem się 90
udeptać 57, 72
ukłonił się 83
umówiłem się 97
unikają się 86
unosić się 75
upatrzyć 57
upić 57, 72
upór 25, 33
uratować 57
usiedzieć 57, 72
uśmiali się 83
uśmiech 25, 33
uśmiechnęła się 97
utonąć 57, 72
utrwalić sobie 89
utyć 71
uzbierać 57

w 4, 6, 10-12, 14-16, 127-130
wart 40, 111, 116
warto byłoby 38
wasze 99
wbiec 75
wbrew 3, 9
wchodzić 74
wchodziło się 97
wczytać się 58, 72
wdzięczny 112
we 14
według 2, 7, 9
wejść 43, 58, 65, 75
wina 21, 33
winien 40
winny 111, 116
wjechać 58
wlać 58

wliczyć 58, 72
właściwy 117
wmontować 58, 72
wmówić 58, 72
wobec 2, 9
wokół 2, 8-9,
wolny 115
wpatrywał się 83
wpisać się 58, 72
w porównaniu z 5, 11
wprowadzić 58
wrażliwy 112, 118
wrócił się 96
wsiąść 58
wskutek 2
wstydzić się 83
wśród 8, 14
wybierać się 97
wyciągnąć 59, 73
wyciera się 87
wyczytać 75
wydać 76
wygasić 59
wyjaśniła 88
wyjazd 26, 33
wyjechać 59, 73
wyjść 59, 73
wykręcić 60
wylądować 60
wylecieć 60
wyleżeć 60
wylizać 59
wymagający 115
wymalować 59, 73
wymeldować się 60
wymontować 60, 73
wymyślić 75
wypadałoby 39
wypakować 60, 73
wypisać 60

wypłynąć 60, 73
wypowiedź 21, 34
wyrecytować 60, 73
wyrób 18, 34
wyrwać 59, 73
wyspałem się 83
wyspecjalizował się 83
wystarał się 83
występ 25, 34
wystrzał 20, 34
wysypać 59, 73
wysypiałem się 84
wyszeptać 59
wywozić 36; zob. p. 2
wywóz 23, 34
wyższy 112
wziąłem 93
wzrost 18, 34
wzruszyłem się 90

z 2, 5, 8, 11, 14-15, 142-143
z powodu 7
za 4-5, 8, 10-11, 14, 16, 140-141, 143
zabawić się 75
zachorować 63
zaczął się 88
zadać 76
zadowolony 112, 117-8
zagniewany 113
zagotować 63
zagrodzić 64
zaimprowizować 64
zajechać 63
zakaz 26, 34
zaklaskać 63
zakochany 114
zakup 26, 34
zalać 63
zalegalizować 62
zależny 113

zamalować 64
zameldować się 64
zamiar 26, 34
zamiast 2, 9
zamknęły się 88
zamontować 64
zanieść 63
zanik 25, 34
zanudzić 63
zaopiekować się 84
zapakować 64
zapał 26
zaparkować 64
zapisać 63
zapłacić 64
zapłakać 63
zapowiedź 26, 34
zaprasować 64
zaprzyjaźniony 114
zasiąść 63
zaślepiony 115, 117-8
zaśmiał się 84
zaśmiewali się 84
zatonąć 72
zatrzymać się 75
zawrócić 64
zazdrosny 114
zazdrość 26, 34
zbić 62

zdarza się 84, 98
zdarzyła się 84
zdecydować 75
zdecydowany 117
zdekompletować 62
zdemaskować 62
zdemontować 62, 74
zderzyła się 84
zdolny 113, 117
ze 16
zejść 43, 62, 65
zerwać 62, 74
zgadzał się 84
zgodnie z 5, 11
zgodny 114
zgrać 62, 74
zjawił się 84
zjechać 74
zjechali się 88
zjeździć 62, 74
zmartwiłem się 90
znad 2, 8
znali się 95
znoszą 86
zza 2, 8

żal 26, 34, 41
żądny 111, 116
życzliwy 113

BIBLIOGRAPHY

Bańko M., Krajewska M., 1994, *Słownik wyrazów kłopotliwych*, PWN, Warszawa

Borillo A., Soublin F., Tamine J., 1974, *Exercices de syntaxe transformationnelle du français*, Armand Colin, Paris

Decaux E., 1978, *Leçons de grammaire polonaise*, Institut d'Etudes Slaves, Paris

Dyèvre L., Furman-Bouvard M., 1994, *Dzień dobry! Méthode de polonais*, Institut d'Etudes Slaves, Paris

Grappin H., 1963, *Grammaire de la langue polonaise*, Institut d'Etudes Slaves, Paris

Grzegorczykowa R., Laskowski R., Wróbel H., red., 1984, *Gramatyka współczesnego języka polskiego*, PWN, Warszawa

Kaleta Z., 1995, *Gramatyka języka polskiego dla cudzoziemców*, Uniwersytet Jagielloński, Kraków

Klebanowska B., 1995, *Synonimia składniowa*, Uniwersytet Warszawski, Warszawa

Kuszmider B., 1999, *Aspect, temporalité et modalité en polonais et en français*, Ophrys, Paris

Lapaire J.-R., Rotgé W., 1998, *Linguistique et grammaire de l'anglais*, Presses Universitaire de Mirail, Université de Toulouse

Mędak S., 1995, *Język polski à la carte*, Uniwersytet Jagielloński, Kraków

Mędak S., 1997, *Słownik form koniugacyjnych czasowników polskich*, Universitas, Kraków

Mędak S., 2001, *Dictionnaire de la déclinaison des substantifs polonais*, Presses Universitaires du Mirail, Université de Toulouse le Mirail

Nagórko A., 1996, *Zarys gramatyki polskiej*, PWN, Warszawa

Szymczak M., 1993, *Słownik języka polskiego*, t. I-III, PWN, Warszawa

Włodarczyk H., 1997, *L'aspect verbal*, Institut d'Etudes Slaves, Paris

TOWARZYSTWO AUTORÓW I WYDAWCÓW
PRAC NAUKOWYCH
UNIVERSITAS

www.universitas.com.pl

REDAKCJA
    ul. Sławkowska 17, 31-016 Kraków
    tel./fax 012 423 26 05 / 012 423 26 14 / 012 423 26 28
    red@universitas.com.pl
    promocja@universitas.com.pl

DYSTRYBUCJA oraz KSIĘGARNIA WYSYŁKOWA
    ul. Żmujdzka 6B, 31-426 Kraków
    box@universitas.com.pl
    tel. 012 413 91 36 / 012 413 92 70
    fax 012 413 91 25